MÉTHODE
ÉLÉMENTAIRE
DE PLAIN-CHANT ET DE CHANT MUSICAL,
SUIVIE
D'UN RECUEIL DE MOTETS.

Dédiée

A Mgr MATHIEU,

Archevêque de Besançon, ancien évêque de Langres

Par **BERTHIOT**, Maître de musique de la cathédrale de Langres
Et **MONGIN**, Professeur de musique, ancien Enfant de Chœur.

PRIX : 2 f. 75 c.

46

A PARIS,
LIBRAIRIE CLASSIQUE ET ÉLÉMENTAIRE DE L. HACHETTE,
Rue Pierre-Sarrazin, n° 12 ;

Et à LANGRES,
Chez DEJUSSIEU, Imprimeur-Libraire, rue Sainte-Claire.

1833.

Suite de la Table des Logarithmes.

Nom.	Logarithmes	Nom.	Logarithmes	Nom.	Logarithmes	Nom.	Logarithmes
149	2.17319	187	2.27184	225	2.35218	263	2.41996
150	2.17609	188	2.27416	226	2.35411	264	2.42160
151	2.17898	189	2.27646	227	2.35603	265	2.42325
152	2.18184	190	2.27875	228	2.35793	266	2.42488
153	2.18469	191	2.28103	229	2.35984	267	2.42651
154	2.18752	192	2.28330	230	2.36173	268	2.42813
155	2.19033	193	2.28556	231	2.36361	269	2.42975
156	2.19312	194	2.28780	232	2.36549	270	2.43136
157	2.19590	195	2.29003	233	2.36736	271	2.43297
158	2.19866	196	2.29226	234	2.36922	272	2.43457
159	2.20140	197	2.29447	235	2.37107	273	2.43616
160	2.20412	198	2.29667	236	2.37291	274	2.43775
161	2.20683	199	2.29885	237	2.37475	275	2.43933
162	2.20952	200	2.30103	238	2.37658	276	2.44091
163	2.21219	201	2.30320	239	2.37840	277	2.44248
164	2.21484	202	2.30535	240	2.38021	278	2.44405
165	2.21748	203	2.30750	241	2.38202	279	2.44560
166	2.22011	204	2.30963	242	2.38382	280	2.44716
167	2.22272	205	2.31175	243	2.38561	281	2.44871
168	2.22531	206	2.31387	244	2.38739	282	2.45025
169	2.22789	207	2.31597	245	2.38917	283	2.45179
170	2.23045	208	2.31806	246	2.39094	284	2.45332
171	2.23300	209	2.32015	247	2.39270	285	2.45484
172	2.23553	210	2.32222	248	2.39445	286	2.45637
173	2.23805	211	2.32428	249	2.39620	287	2.45788
174	2.24055	212	2.32634	250	2.39794	288	2.45939
175	2.24304	213	2.32838	251	2.39967	289	2.46090
176	2.24551	214	2.33041	252	2.40140	290	2.46240
177	2.24797	215	2.33244	253	2.40312	291	2.46389
178	2.25042	216	2.33445	254	2.40483	292	2.46538
179	2.25285	217	2.33646	255	2.40654	293	2.46687
180	2.25527	218	2.33846	256	2.40824	294	2.46835
181	2.25768	219	2.34044	257	2.40993	295	2.46982
182	2.26007	220	2.34242	258	2.41162	296	2.47129
183	2.26245	221	2.34439	259	2.41330	297	2.47276
184	2.26482	222	2.34635	260	2.41497	298	2.47422
185	2.26717	223	2.34830	261	2.41664	299	2.47567
186	2.26951	224	2.35025	262	2.41830	300	2.47712

NOUVELLE MÉTHODE

POUR

L'ENSEIGNEMENT DU PLAIN-CHANT

ET DU CHANT MUSICAL.

Tout exemplaire non revêtu de la signature d'un des auteurs, sera réputé contrefait.

IMPRIMERIE DE DEJUSSIEU.

NOUVELLE MÉTHODE

ÉLÉMENTAIRE

Pour l'Enseignement du Plain-Chant et du Chant Musical,

SUIVIE

D'UN RECUEIL DE MOTETS, en Chant Musical, à une, à deux et à trois voix, pour les Dimanches et les principales Fêtes de l'année, arrangés sur la Musique des COMPOSITEURS LES PLUS CÉLÈBRES ;

A L'USAGE

Des Ecclésiastiques, Chantres laïques, Séminaires, Maison d'Éducation chrétienne, Communautés religieuses, Écoles primaires, etc. ;

DÉDIÉE

A M.ᵉᵗ MATHIEU,

Archevêque de Besançon, ancien Évêque de Langres,

PAR **BERTHIOT**, Maître de musique de la cathédrale de Langres,

ET **MONGIN**, Professeur de musique, ancien Enfant de Chœur.

PARIS,

LIBRAIRIE CLASSIQUE ET ÉLÉMENTAIRE DE L. HACHETTE,
Rue Pierre-Sarrazin, n.° 12.

LANGRES,

DEJUSSIEU, Imprimeur-Libraire, rue Saint-Amâtre.

1855.

Nous avons voulu, dans cette Méthode, nous mettre à la portée du plus grand nombre. Être clair et précis dans l'Exposé des Principes, et indiquer un moyen facile pour arriver à une bonne exécution du Plain-Chant et du Chant musical; tel est le but proposé : puissions-nous l'avoir atteint !

Nous n'avons donné de principes théoriques que ceux qui nous ont paru indispensables ; cependant, après les premiers articles, on peut passer immédiatement aux leçons pratiques, en ayant soin toutefois de revenir à ces mêmes principes, selon le besoin.

À M.gr Mathieu,
Archevêque de Besançon.

Monseigneur,

Vous avez agréé la Dédicace de cet Ouvrage; c'est à votre bienveillance que nous devons cette faveur : nous en sentons tout le prix. Puisse ce faible essai ne pas être tout-à-fait indigne de l'honneur que vous avez bien voulu lui faire !

Recevez, Monseigneur, les remercîmens respectueux de vos très-humbles serviteurs,

L. BERTHIOT, J.-C. MONGIN.

Le Chant ecclésiastique, que l'on nomme *Plain-Chant* dans l'Église romaine, est un reste précieux de la musique des anciens. Saint Ambroise, Archevêque de Milan, en fut, à ce qu'on prétend, l'inventeur ; ou plutôt, le premier il lui donna une forme et des règles pour le rendre plus digne de son objet. Plus tard, saint Grégoire Pape en désigna les notes par les lettres de l'alphabet, *a, b, c, d, e, f, g,* qui répondent à *la, si, ut, ré, mi, fa, sol ;* il mit encore de l'ordre dans les divers chants ; et il est même probable qu'il en perfectionna plusieurs. Quoi qu'il en soit, le chant *Grégorien,* plus doux et plus harmonieux que le chant *Ambrosien* (c'est du moins le sentiment des *Rubricaires*) a été adopté dans la plupart des Églises.

« L'abbé Dubos observe que la simplicité du
» chant Ambrosien n'employoit que quatre tons,

» et que l'harmonie, plus parfaite de celui de saint
» Grégoire, comprenoit les huit tons ou les quinze
» cordes de l'ancienne musique. Plusieurs auteurs
» croient aussi reconnoître, dans la Préface et dans
» le chant de l'Oraison dominicale, la véritable
» mélopée des anciens Grecs. »

Nous devons au Plain-Chant la musique moderne; et s'il y a, dans ces vieilles compositions, beaucoup de *Mélodies* qui rappellent l'enfance de l'art, on en trouve dont les naïves beautés passeront à la dernière postérité.

Le Chant ecclésiastique est une des principales parties de l'Office divin, et ajoute puissamment à ses solennités; toujours grave et majestueux, c'est le *chant* de Moïse, la *musique* de David. Reconnoissance à ceux qui nous ont conservé, dans leur simplicité primitive, ces antiques monumens de la piété de nos pères.

NOUVELLE MÉTHODE

ÉLÉMENTAIRE

pour

L'ENSEIGNEMENT DU PLAIN-CHANT

ET DU CHANT MUSICAL.

ARTICLE PREMIER.

Des Notes. — Leurs Noms. — L'Intonation. — Figure des Notes. — Leur Durée.

Le *Plain-Chant* est une succession de sons coordonnés dans leur ensemble, leurs intervalles et leur durée.

Il y a, dans le Chant, sept sons primitifs, représentés par des caractères que l'on appelle *notes*;

ces sept notes se désignent par les syllabes UT, RÉ, MI, FA, SOL, LA, SI.

Une note diffère d'une autre note, en ce qu'elle est plus grave ou plus aiguë, plus basse ou plus haute ; cette différence se nomme *intonation*. Une note est plus longue ou plus brève, c'est la *durée*.

L'intonation est juste ou fausse : juste, elle plaît à l'oreille ; fausse, elle la choque. Nous ferons remarquer que ce qui constitue l'intonation, c'est l'*arrivée* d'une note à une autre ; si cette arrivée n'est pas *juste*, l'intonation est *fausse*.

Les notes prennent diverses figures qui indiquent la durée ; on nomme ces figures : *carrée-double, carrée-à-queue, carrée-simple, brève, demi-brève*. Cette dernière est peu usitée dans le Plain-Chant.

Figures des Notes.

Carrée-double. Carrée-à-queue. Carrée-simple. Brève. Demi-brève.

La carrée-double est la figure qui a le plus de durée ; la carrée-à-queue a moins de durée que la carrée-double ; la carrée-simple, moins de durée que la quarrée-à-queue ; la brève, moins de durée que la carrée simple ; et la demi-brève, moins de durée que la brève. Ces diverses *durées* ne sont déterminées positivement que par le mouvement donné au morceau qu'on exécute.

ARTICLE II.

La Portée. — Les Clefs. — Influence des Clefs sur les Notes. — Position des Clefs. — Exemples.

Le Plain-Chant se *note* sur quatre lignes et trois espaces que l'on nomme *portée*; on écrit encore des notes au-dessous et au-dessus de la portée, au moyen de petites lignes ajoutées.

Exemple de la Portée.

Portée... { 4.e Ligne. 3.e Espace. 3.e Ligne. 2.e Espace. 2.e Ligne. 1.er Espace. 1.re Ligne. Petites Lignes ajoutées.

La position des notes est déterminée par un signe, c'est la clef. Il y a deux sortes de clefs : la *clef d'ut* et la *clef de fa.*

Figures.

Clef d'ut.   Clef de fa.

La clef se place au commencement de la portée sur telle ou telle ligne, et donne son nom à la note qui se trouve sur cette ligne. Par exemple, supposons, par la pensée, la *clef d'ut* sur la quatrième ligne, on nommera *ut* la note posée sur cette ligne;

et, en suivant l'ordre des notes en montant (du grave à l'aigu), ou en descendant (de l'aigu au grave), la position des notes est déterminée.

La *clef d'ut* se pose sur la 1.re, 2.e, 3.e et 4.e ligne ; la *clef de fa*, seulement sur la 3.e et 4.e ligne.

Position des notes à la clef d'ut, 4.e ligne.

(Cette clef servira de modèle pour la position des notes aux autres clefs.)

ut.	ré.	mi.	fa.	sol.	la.	si.	ut.
sous les lignes.	sur la 1.re ligne.	sur le 1.er espace.	sur la 2.e ligne.	sur le 2.e espace.	sur la 3.e ligne.	sur le 3.e espace.	sur la 4.e ligne.

ARTICLE III.

Des Degrés. — Unissons. — Intervalles. — Exemple des Intervalles. — Tons. — Demi-Tons. — Gamme ou Échelle. — Degrés conjoints et Degrés disjoints.

L'*UT* se nomme indistinctement 1.re note ou 1.er degré ; le *ré*, 2.e note ou 2.e degré, etc.

Deux notes au même *degré*, deux notes qui ne sont ni plus graves ni plus aiguës l'une que l'autre, se nomment *unisson.* Par exemple, deux *ut* sous les lignes, deux *ré* sur la 1.re ligne sont des unissons.

On nomme *intervalle*, la distance d'une note à une autre, entre le grave et l'aigu; c'est tout l'espace que l'une des deux auroit à parcourir pour arriver à l'autre. Il y a des intervalles de *seconde*, *tierce*, *quarte*, *quinte*, *sixte*, *septième* et *octave*. Ces dénominations répondent à 2, 3, 4, 5, 6, 7 et 8.

Exemple des intervalles.

Seconde.. UT.. RÉ. 2.
Tierce... UT.. *ré*.. MI. 3.
Quarte... UT.. *ré*.. *mi*.. FA. 4.
Quinte... UT.. *ré*.. *mi*.. *fa*.. SOL. 5.
Sixte..... UT.. *ré*.. *mi*.. *fa*.. *sol*.. LA. 6.
Septième. UT.. *ré*.. *mi*.. *fa*.. *sol*.. *la*.. SI. 7.
Octave... UT.. *ré*.. *mi*.. *fa*.. *sol*.. *la*.. *si*.. UT. 8.

En descendant, UT, RÉ, est une septième; UT, SI, une seconde, etc.

Exemple.

Septième.... UT.. *si*.. *la*.. *sol*.. *fa*.. *mi*.. RÉ. 7.
Seconde.... UT.. SI. 2., etc.

Nous avons remarqué que les intervalles, exprimés par le nom des notes, se comptent toujours (à moins d'indication contraire) du grave à l'aigu, et que l'on comprend dans l'intervalle le point de départ et celui d'arrivée.

On appelle encore l'*intervalle* d'*ut* à *ré*, TON; de *ré* à *mi*, TON; de *mi* à *fa*, DEMI-TON; de *fa* à *sol*, TON ; de *sol* à *la*, TON ; de *la* à *si*, TON ; et de *si* à *ut*, DEMI-TON.

Les huit degrés, UT, RÉ, MI, FA, SOL, LA, SI, UT, se nomment *gamme* ou *échelle*. Les notes qui se suivent immédiatement dans l'ordre de l'échelle, sont des degrés *conjoints*. Les notes qui ne se suivent pas immédiatement dans l'ordre de l'échelle, sont des degrés *disjoints*. Par exemple, UT RÉ, RÉ MI, sont *conjoints;* UT MI, MI SOL, sont *disjoints*.

ARTICLE IV.

Altération des notes. — Le Dièze. — Le Bémol. — Influence du Dièze et du Bémol sur les Notes. — Le Bécarre.

Nous avons dit, au commencement de cet Ouvrage, qu'il y avoit sept sons primitifs, parce qu'il y a des notes susceptibles d'être baissées ou haussées d'un demi-ton. Ces altérations sont indiquées par deux signes : le *bémol* et le *dièze*.

Figures.

Bémol.   Dièze.

Le bémol baisse d'un demi-ton la note près de laquelle il est placé; le dièze la hausse également d'un demi-ton.

DE PLAIN-CHANT.   15

Le bémol est continuel ou accidentel : continuel, lorsqu'il est placé à la clef toujours sur le *si* ; accidentel, lorsqu'il est placé dans le courant d'un morceau sur le *si* et le *mi*.

Le dièze, toujours accidentel, se place sur l'*ut*, le *fa* et le *sol* ; il est rarement marqué. Il en est de même du bémol dans plusieurs morceaux de chant ; c'est à l'oreille de suppléer à cet oubli.

Le *si* bémol, placé à la clef, se trouve remis dans son ton primitif par un nouveau signe que l'on nomme *bécarre*.

Figure.

♮

Bécarre.

ARTICLE V.

Indication des passages où le Bémol, le Bécarre et le Dièze sont accidentels, et qui se trouvent rarement marqués dans les livres de chant.

Le *si*, en général, doit être bémolisé toutes les fois qu'il se trouve entre deux *la*, dont le dernier ne conduit pas de suite à l'*ut*, et lorsqu'il est disposé comme dans les exemples suivans.

Exemples.

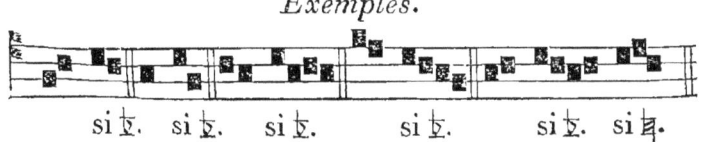

si ♭.   si ♭.   si ♭.   si ♭.   si ♭.   si ♮.

16 **MÉTHODE**

Le *si* bémol continuel doit être naturel toutes les fois qu'il se trouve entre deux *ut*, et disposé comme dans les exemples suivans.

Exemples.

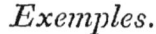

si ♮.   si ♮.   si ♮.   si ♮.

Quelquefois les notes suivantes doivent être diézées, lorsqu'elles se trouvent disposées ainsi : l'*ut* entre deux *ré*, le *fa* entre deux *sol*, le *sol* entre deux *la*.

Exemples.

ut ♯.   fa ♯.   sol ♯.

ARTICLE VI.

Repos du Chant. — Barres verticales. — Notes pointées. — Le Guidon. — Exemples.

Les repos du chant sont indiqués par des *barres verticales* : de petites barres servent à séparer les notes de chaque mot, sans repos ; de grandes barres marquent les repos et se mettent aux divers signes de la ponctuation (. ? ! : ;) ; de doubles barres désignent la fin de l'intonation d'un verset ;

d'un morceau entier, et le partage de ce qui se chante alternativement.

Figures.

Petites Barres.   Grandes Barres. Doubles Barres.

Le *point*, après la note, indique une prolongation de voix et un petit repos.

Exemple.

Le *guidon* est une demi-note qui se met à la fin d'une portée, et qui annonce la première note de la portée suivante, lorsqu'il est placé sur le même degré.

Le guidon aide encore à passer d'une clef à une autre, en désignant la première note de la nouvelle clef relative à la précédente.

Exemple.

Figure.

ut si la,   ut ré ut la,   ut ré mi ré ut.

Seconde Partie.

ARTICLE VII.

Leçons de Solfège. — Manière de décompter. — Deux sortes de Gamme. — Exercices sur toutes les Clefs.

Pour apprendre le Plain-Chant, il faut commencer par le *solfier*. Solfier, c'est *entonner* (former avec justesse) les sons d'un morceau de chant, en les nommant chacun par son nom.

LEÇONS DE SOLFÈGE (1).

Gamme.

En montant.
1.ᵉʳ degré.　2.ᵉ　3.ᵉ　4.ᵉ　5.ᵉ　6.ᵉ　7.ᵉ　8.ᵉ

Intonation.
　　　Ton.　Ton. Demi-ton. Ton.　Ton.　Ton. Demi-ton.
Ut (2)　ré　mi　　fa　sol　la　si　　ut,

---

(1) Le mot *solfège* vient de *sol*, *fa* première et dernière note du système musical qui autrefois avoit pour type SOL *la si ut ré mi* FA, au lieu de *ut ré mi fa sol la si*.

(2) On substitue en musique la syllabe DO à celle d'UT, comme moins sourde.

Ut si la sol fa mi ré ut.

Intervalles de Seconde. — Degrés conjoints.

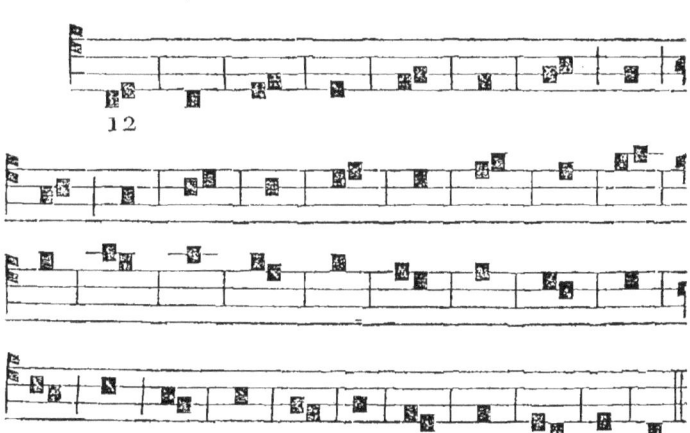

Lorsque la voix ne peut saisir un intervalle un peu éloigné, il faut *décompter*, c'est-à-dire, faire passer la voix par tous les degrés que contient cet intervalle. Par exemple, si du SOL que tient la voix, on veut descendre au RÉ, et que l'oreille ait oublié la distance de cet intervalle, on décompte; il faut dire SOL, *fa, mi,* RÉ, en donnant à chaque note la juste intonation qu'elle doit avoir. Le son du RÉ trouvé, on remonte au SOL pour redescendre d'un seul saut sur ce RÉ dont l'oreille doit avoir conservé l'impression; il en est de même en montant. Nous allons mettre en pratique cette méthode dont on reconnoîtra l'utilité.

MÉTHODE

Intervalles de Tierce. — Degrés disjoints.

Quartes.

DE PLAIN-CHANT.   21

Quintes.

Sixtes.

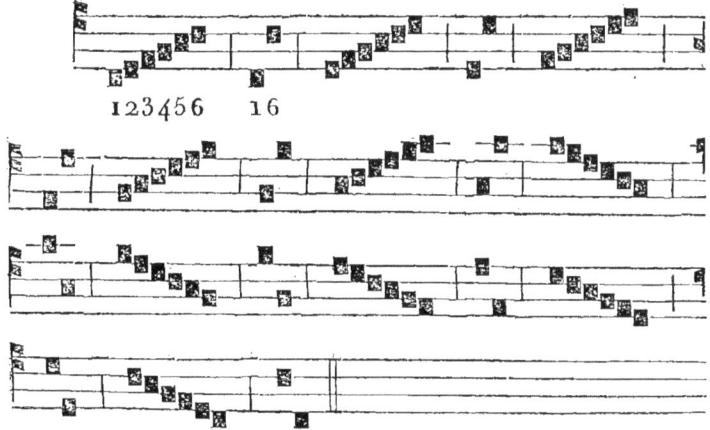

Septièmes.

22 MÉTHODE

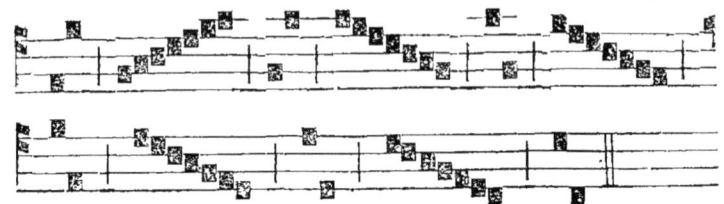

Octaves.

Résumé général de tous les Intervalles.

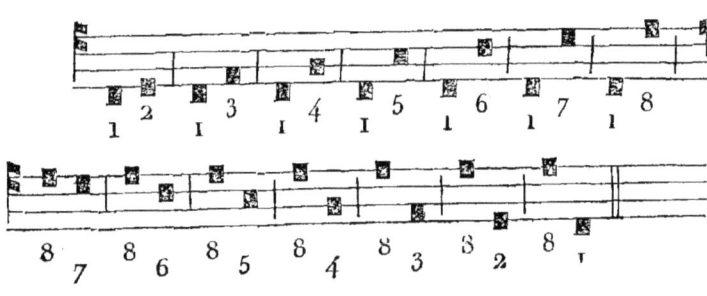

Il n'y a que deux gammes dans le Plain-Chant : la gamme *propriété de nature*, et la gamme *propriété de bémol*. A ces deux gammes se rapportent toutes les échelles des différens tons du chant ecclésiastique.

Gamme

Propriété de Nature.

ut ré mi fa sol la si ut, ut si la sol fa mi ré ut.

Gamme

Propriété de Bémol.

fa sol la si ut ré mi fa, fa mi ré ut si la sol fa.

On doit faire la plus grande attention à la disposition des demi-tons dans ces deux gammes ; car c'est de l'observation de ces demi-tons que dépend la bonne exécution du Plain-Chant.

Exercices pour l'emploi du Dièze, du Bémol et du Bécarre.

Dièze.

Bémol.

Exercices sur toutes les Clefs.

Clef d'Ut sur la 1.re ligne.

(Cette Clef est rarement usitée).

N.° 1.
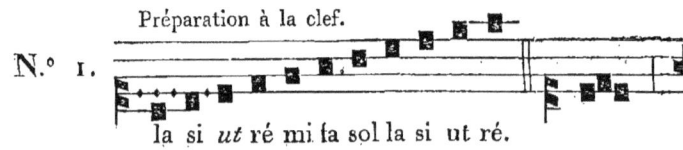
la si *ut* ré mi fa sol la si ut ré.

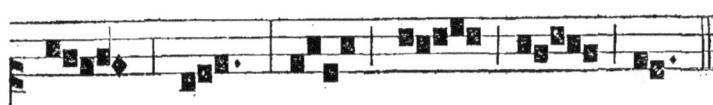

Clef d'Ut sur la 2.e ligne.

N.° 2.

fa sol la si *ut* ré mi fa sol la si.

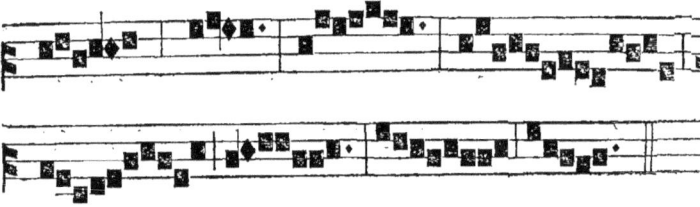

Clef d'Ut sur la 3.e ligne.

N.° 3.

ré mi fa sol la si *ut* ré mi fa sol.

DE PLAIN-CHANT.   25

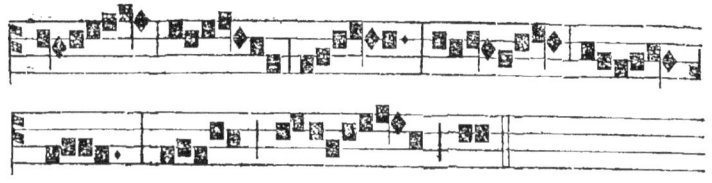

Clef d'Ut sur la 4.ᵉ ligne.

N.° 4.

si ut ré mi fa sol la si *ut* ré mi.

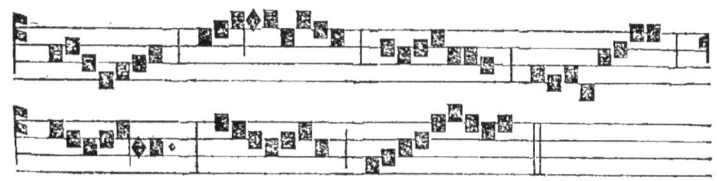

Clef de Fa sur la 3.ᵉ ligne.

N.° 5.

sol la si ut ré mi *fa* sol la si ut.

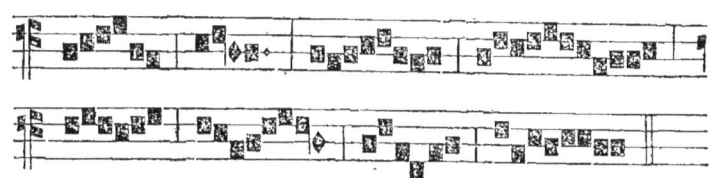

Clef de Fa sur la 4.ᵉ ligne.

(*Cette Clef est rarement usitée*).

N.° 6.

mi fa sol la si ut ré mi *fa* sol la.

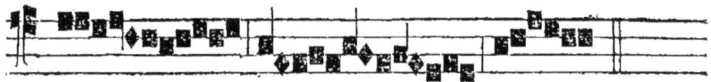

Changement de Clef.

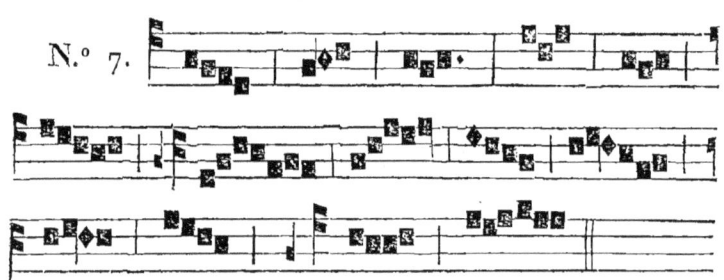

Si l'on étoit embarrassé pour chanter à la clef d'*ut* première ligne, on pourroit, pour plus de facilité, supposer la clef d'*ut* troisième ligne avec bémol continuel; l'ordre des tons et des demi-tons étant le même à l'une et l'autre de ces clefs.

On peut également chanter à la clef d'*ut* quatrième ligne (toujours avec bémol continuel), ce qui est noté à la clef d'*ut* seconde ligne.

Premier Exemple. — Gammes.

fa sol la si ut ré mi fa, fa mi ré ut si la sol fa.
ut ré mi fa sol la si ut, ut si la sol fa mi ré ut.

Second Exemple. — Exercice.

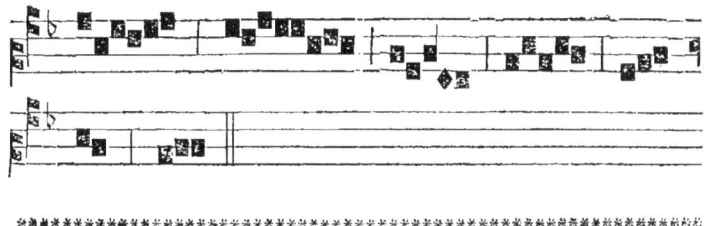

ARTICLE VIII.

Application des Syllabes sous les Notes. — Notes détachées. — Notes coulées. — Exemples.

Après avoir solfié avec justesse et netteté sur toutes les clefs indistinctement, il faudra placer les syllabes sous les notes, en remarquant que, s'il y a plusieurs notes à chanter sur une même syllabe, on doit passer légèrement d'une note à l'autre, sans secousse, sans effort de voix; et il faut les couler de manière qu'on n'entende pas deux fois le son de la voyelle sur laquelle on chante, et toujours y joindre une prononciation correcte.

Exemples.

Notes détachées.

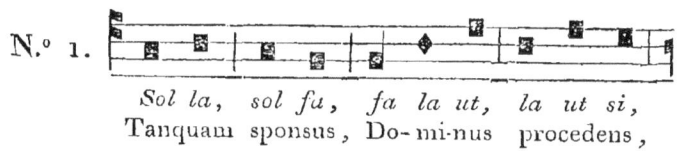

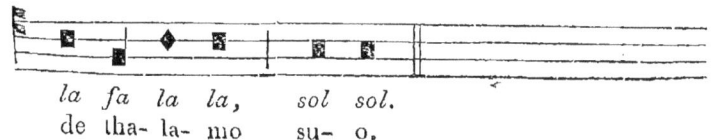

Notes liées (1).

Syllabes.

---

(1) La carrée-à-queue sert aussi à lier plusieurs notes, lorsque celles-ci forment des intervalles de *tierce*, *quarte*, etc.; alors la carrée-à-queue n'est considérée que comme une carrée-simple.

Troisième Partie.

ARTICLE IX.

Des huit tons ou modes du Plain-Chant. — Tons authentiques. — Tons plagaux. — Dominantes et finales des huit tons.

Il y a dans le Plain-Chant huit *tons* ou *modes* réguliers ou complets. On entend par mode un arrangement particulier établi dans les notes. Chaque mode a un caractère de sentiment qui lui est propre.

Dans ces huit tons, quatre sont *authentiques* ou principaux, et quatre *plagaux* ou collatéraux.

On appelle *tons authentiques* ceux qui ont leur étendue en haut; et *tons plagaux* ceux dont l'étendue est en bas (1).

Les quatre tons authentiques ont chacun un plagal pour collatéral ou supplément : le 1.er est authentique, le 2.e plagal; le 3.e authentique, le 4.e plagal ; et ainsi de suite.

---

(1) Les tons *authentiques* parcourent l'étendue de leur octave, et les tons *plagaux* descendent à la quarte au-dessous de leur finale, et s'élèvent à la sixte.

Les authentiques s'appellent aussi *impairs*, et les plagaux *pairs*, à l'égard de la place qu'ils occupent dans l'ordre des tons.

TABLEAU
Des Désignations anciennes et des Désignations modernes
DES HUIT TONS.

MODES AUTHENTES OU IMPAIRS.			MODES PLAGAUX OU PAIRS.		
	NOMS ANCIENS.	NOMS MODERNES.		NOMS ANCIENS.	NOMS MODERNES.
1.er Ton.	Dorien.	Gravis.	2.e Ton.	Sous-Dorien.	Tristis.
3.e Ton.	Phrygien.	Mysticus.	4.e Ton.	Sous-Phrygien.	Harmonicus.
5.e Ton.	Lydien.	Lætus.	6.e Ton.	Sous-Lydien.	Devotus.
7.e Ton.	Mixo-Lydien.	Angelicus.	8.e Ton.	Sous-Mixo-Lydien.	Perfectus.

On distingue ces différens modes par la *dominante* et la *finale*.

On entend par *dominante,* non la note la plus haute, mais celle qui se trouve le plus souvent répétée dans le cours d'une pièce de chant.

On entend par *finale* la note qui termine une pièce de chant (1) : on l'appelle aussi note du ton, ou *tonique.*

Les modes impairs ont leur dominante à la quinte au-dessus de leur finale ; et les modes pairs ont leur dominante une tierce au-dessous de celle des impairs.

Il y a une exception pour l'une et l'autre de ces règles : c'est quand cette quinte ou cette tierce tombe sur le *si,* qui est une note variable ; alors la dominante du ton se fait sur l'*ut.* Voyez les exemples du troisième et du huitième ton, où l'*ut* est la dominante au lieu du *si.*

---

(1) Dans un *Répons*, ce n'est point la dernière note du *Verset* qui est la finale, mais celle qui termine la *Réclame.*

TABLEAU

Des Dominantes et des Finales des huit tons, avec leurs positions à l'égard de la clef.

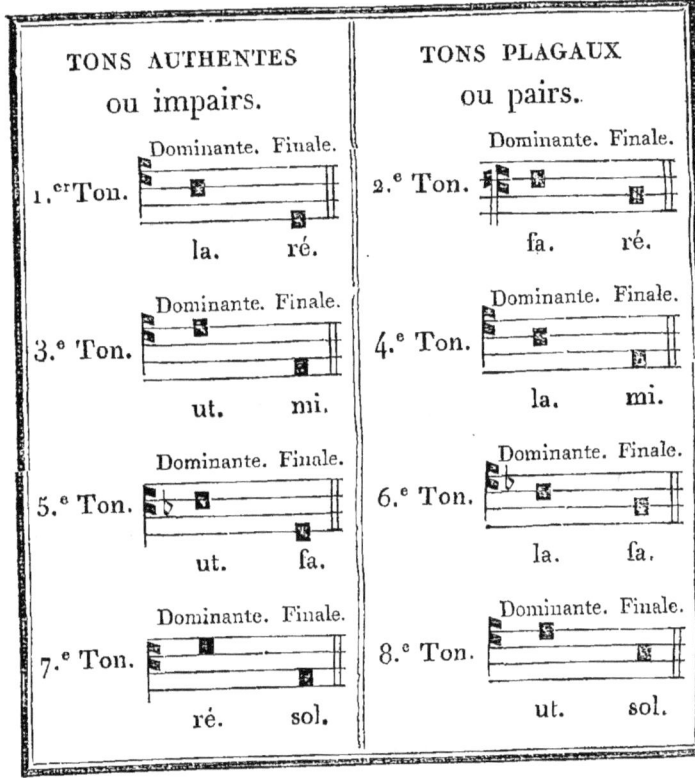

ARTICLE X.

Exemple des huit Tons. — Leur Etendue. — Leur Notes fondamentales.

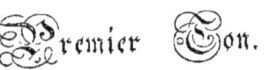

LE premier ton est désigné dans les livres de chœur par *De* 1., et noté à la *clef d'ut*, 4.ᵉ ligne

DE PLAIN-CHANT.   33

Les notes fondamentales de ce Mode sont : le RÉ, *final* ou *tonique ;* le FA, *tierce ;* le LA, *quinte* et *dominante ;* le RÉ, *octave*.

Étendue du 1.er Ton.

ré mi fa sol la si ut ré,   ré ut si la sol fa mi ré.

Notes fondamentales.

ré fa la ré,   ré la fa ré,

Exemples du 1.er Ton.

Ce Mode est *pathétique* et propre à exprimer des sentimens de douceur et d'admiration.

NOTA. Les liaisons placées sur les notes servent à désigner les demi-tons.

Second Ton.

Le second Ton est désigné dans les livres de chœur par *De* 2., et noté à la *clef de fa*. Les notes fondamentales de ce Mode sont : le RÉ, *final* ou *tonique ;* le FA, *tierce* et *dominante ;* le LA, *quinte*.

Étendue du 2.e Ton.

ré mi fa sol la sol fa mi ré ut si la si ut ré.

Notes fondamentales.

ré fa la la ré la ré.

Exemple du 2.e Ton.

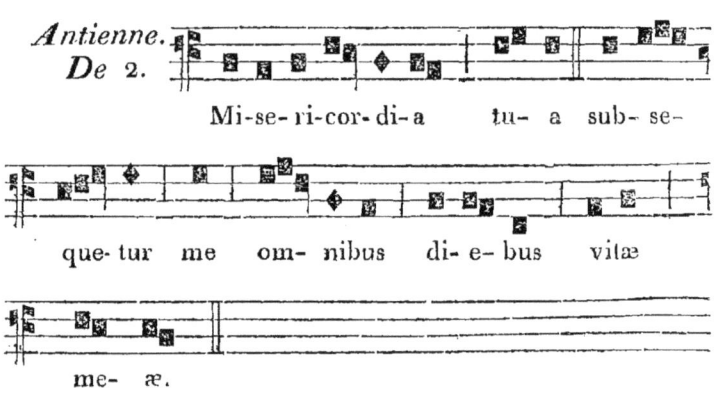

Ce Mode est triste, imposant ; il exprime la douleur et les gémissemens.

DE PLAIN-CHANT.

Troisième Ton.

Le troisième Ton est désigné dans les livres de chœur par *De 3.*, et noté à la *clef d'ut* 4.ᵉ ligne. Les notes fondamentales de ce Mode sont le MI, *final* ou *tonique;* le SOL, *tierce;* l'UT, *sixte* et *dominante;* le MI, *octave*.

Étendue du 3.ᵉ Ton.

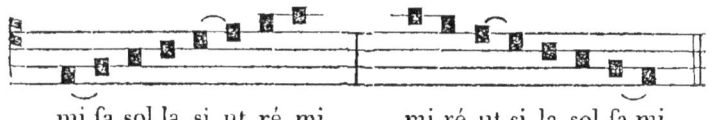

mi fa sol la si ut ré mi,   mi ré ut si la sol fa mi.

Notes fondamentales.

mi sol ut mi,   mi ut sol mi.

Exemple du 3.ᵉ Ton.

Antienne. De 3.

Tu puer, pro-phe-ta Al-tis-si-mi vo-ca-be-ris : præibis an-tè Do-minum pa-ra-re vi-as ejus.

Ce Mode exprime la confiance et l'intimité ; c'est le langage de la prière.

Quatrième Ton.

Le quatrième Ton est désigné dans les livres de chœur par *De 4.*, et noté à la *clef d'ut* 4.ᵉ ligne. Les notes fondamentales de ce Mode sont : le MI, *final* ou *tonique;* le LA, *quarte* et *dominante;* l'UT, *sixte.*

Étendue du 4.ᵉ Ton.

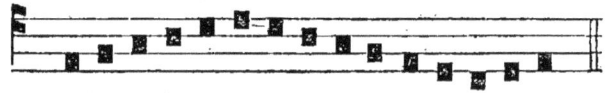

mi fa sol la si ut si la sol fa mi ré ut ré mi.

Notes fondamentales.

mi la ut la mi ut mi.

Exemple du 4.ᵉ Ton.

Antienne. De 4.
Fi- li- os e- nu- tri- vi et ex- al- ta- vi; ipsi autem spre- ve- runt me.

Ce Mode exprime la douceur de l'innocence, le repentir, le respect dans la prière.

Cinquième Ton.

Le cinquième Ton est désigné dans les livres de chœur par *De 5.*, et noté à la *clef d'ut* 3.ᵉ ligne, suivie d'un bémol. Les notes fondamentales de ce Mode sont : le FA, *final* ou *tonique;* le LA, *tierce;* l'UT, *quinte* et *dominante ;* le FA, *octave.*

Étendue du 5.ᵉ Ton.

fa sol la si ut ré mi fa, fa mi ré ut si la sol fa.

Notes fondamentales.

fa la ut fa, fa ut la fa.

Exemple du 5.ᵉ Ton.

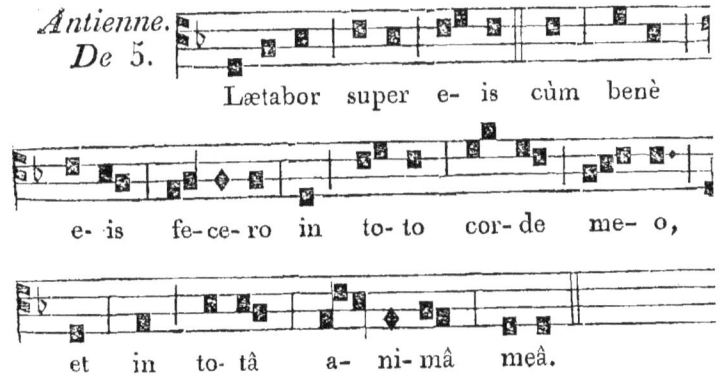

Antienne.
De 5.
Lætabor super e- is cùm benè
e- is fe-ce-ro in to- to cor- de me- o,
et in to- tâ a- ni-mâ meâ.

Les chants de ce Mode peignent l'allégresse, la gaîté, la joie ; il a une expression majestueuse et noble.

Sixième Ton.

Le sixième Ton est désigné dans les livres de chœur par *De* 6., et noté à la *clef d'ut* 4.ᵉ ligne, suivie d'un bémol. Les notes fondamentales de ce Mode sont : le FA, *final* ou *tonique*; le LA, *tierce* et *dominante*; l'UT, *quinte*.

Étendue du 6.ᵉ Ton.

fa sol la si ut si la sol fa mi ré ut ré mi fa.

Notes fondamentales.

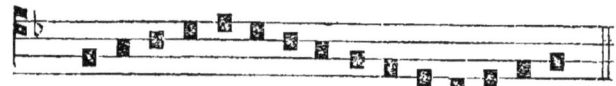

fa la ut la fa ut fa.

Exemple du 6.ᵉ Ton.

Antienne. De 6. Qui si- tit, ve-ni-at; et qui vult, ac-ci-pi-at a-quam vi-tæ gratis.

Ce Mode est affectueux et propre à la piété; il exprime des sentimens de tendresse et de vénération.

Septième Ton.

Le septième Ton est désigné dans les livres de chœur par *De* 7., et noté à la *clef d'ut* 3.ᵉ ligne. Les notes fondamentales de ce Mode sont : le SOL, *final* ou *tonique* ; le SI, *tierce* ; le RÉ, *quinte* et *dominante* ; le SOL, *octave*.

Étendue du 7.ᵉ Ton.

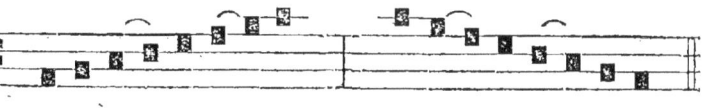

sol la si ut ré mi fa sol , sol fa mi ré ut si la sol.

Notes fondamentales.

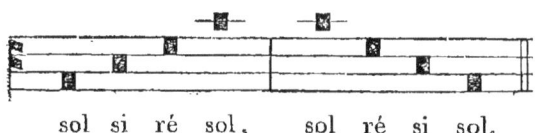

sol si ré sol, sol ré si sol.

Exemple du 7.ᵉ Ton.

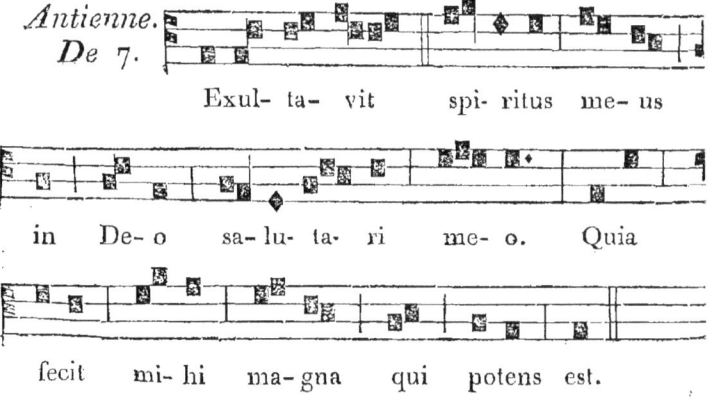

Antienne. De 7. Exul- ta- vit spi- ritus me- us in De- o sa- lu- ta- ri me- o. Quia fecit mi- hi ma- gna qui potens est.

Ce Mode exprime des sentimens d'enthousiasme et de dévouement.

Huitième Ton.

Le huitième Ton est désigné dans les livres de chœur par *De 8.*, et noté à la *clef d'ut* 4.ᵉ ligne. Les notes fondamentales de ce Mode sont : le SOL *final* ou *tonique* ; l'UT, *quarte* et *dominante*; le MI, *sixte*.

Étendue du 8.ᵉ Ton.

sol la si ut si la sol fa mi ré ut ré mi fa sol.

Notes fondamentales.

sol ut sol mi ut sol.

Exemple du 8.ᵉ Ton.

Antienne. De 8. Quid est homo, Do-mine, quod memor es e-jus; aut fi-li-us ho-mi-nis, quoni-àm vi-si-tas e- um.

Ce Mode est en quelque sorte le résumé de tous les autres, et peut s'appliquer à tous les sujets.

ARTICLE XI.

Tons irréguliers. — Tons mixtes. — Tons transposés. — Dominantes et Finales des Tons transposés. — Exemples.

Des huit Tons réguliers dérivent trois autres classes de Modes qui en dépendent. Ces Modes sont : les Tons irréguliers, les Tons mixtes et les Tons transposés.

On entend par Tons *irréguliers* ou *incomplets* ceux qui n'ont pas l'étendue ordinaire des réguliers, mais dont les finales et les dominantes (si toutefois ils s'élèvent jusqu'à la dominante,) sont les mêmes que dans ces derniers.

On appelle Tons *mixtes* ou *connexes* les chants dont l'étendue tient de l'authente et du plagal, comme du premier avec le second, et réciproquement. La dominante de ces Modes se prend sur le Ton pair, et ils sont regardés comme pairs.

Exemple des 1.ᵉʳ et 2.ᵉ Modes mixtes.

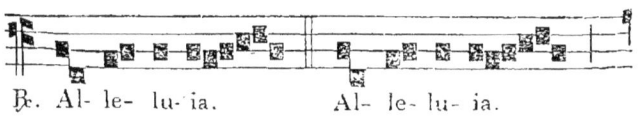

℞. Al- le- lu- ia.   Al- le- lu- ia.

42 MÉTHODE

Pour épargner l'emploi d'un certain nombre de lignes ajoutées, on a fait des transpositions à la quinte ; ainsi au lieu du *ré* dans le premier ton on aura *la* pour finale, etc.

DE PLAIN-CHANT.   43

TABLEAU

Des Dominantes et des Finales des huit Tons transposés, avec leurs positions à l'égard de la clef.

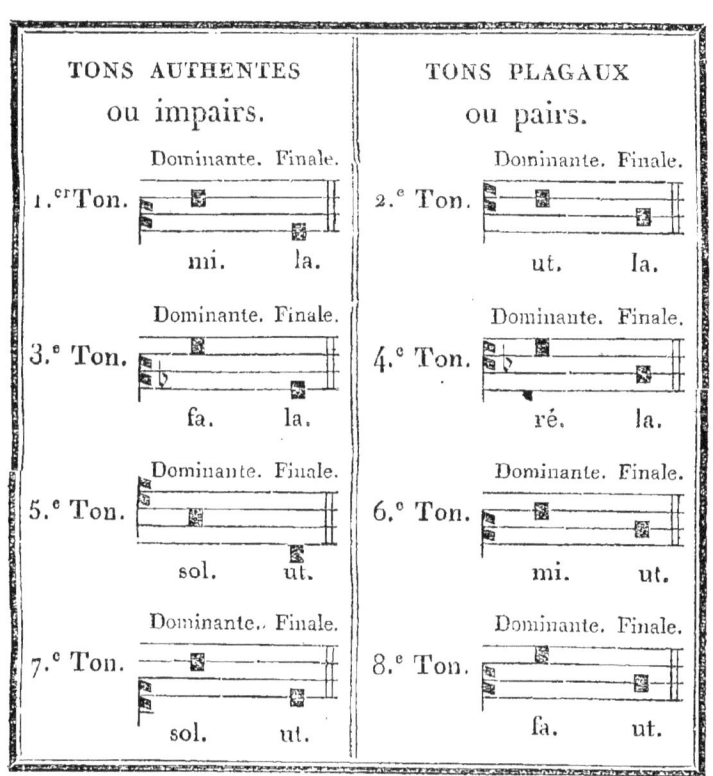

Exemples des huit Tons transposés.

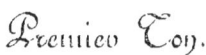

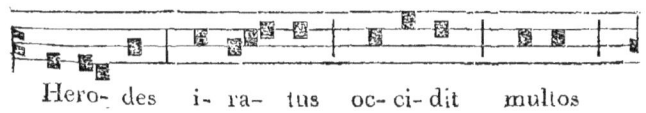

Hero- des i- ra- tus oc- ci- dit   multos

44   MÉTHODE

pu- e- ros in Bethleem Ju- dæ, ci- vi- ta- te David.

Second Ton.

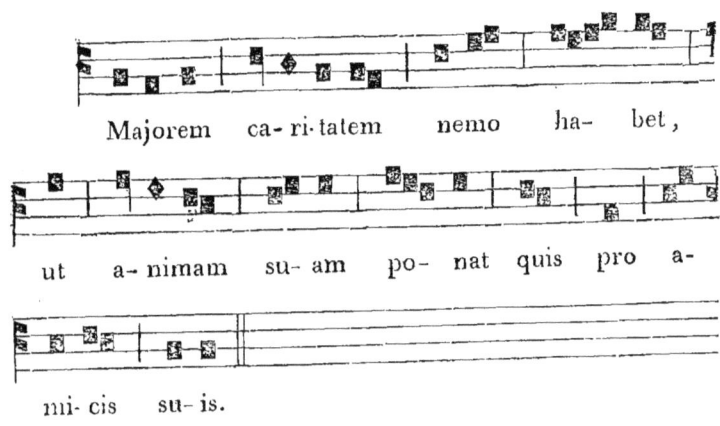

Majorem ca- ri- tatem nemo ha- bet, ut a- nimam su- am po- nat quis pro a- mi- cis su- is.

Troisième Ton.

Qui se- qui- tur me, non ambu- lat in te- nebris ; sed ha-be-bit lumen vi- tæ : di- cit Dominus.

DE PLAIN-CHANT. 45

Quatrième Ton.

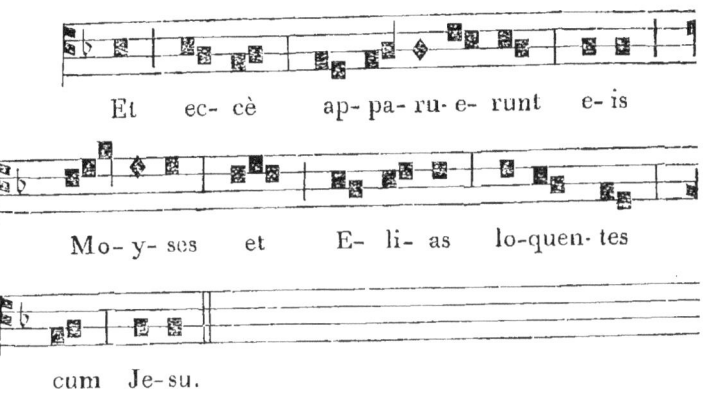

Et ec-cè ap-pa-ru-e-runt e-is

Mo-y-ses et E-li-as lo-quen-tes

cum Je-su.

Cinquième Ton.

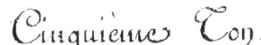
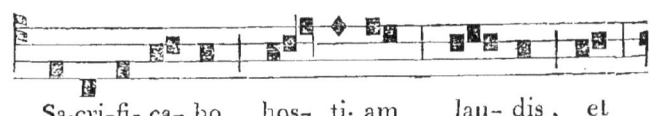

Sa-cri-fi-ca-bo hos-ti-am lau-dis, et

no-men Do-mi-ni in-vo-ca-bo.

Sixième Ton.

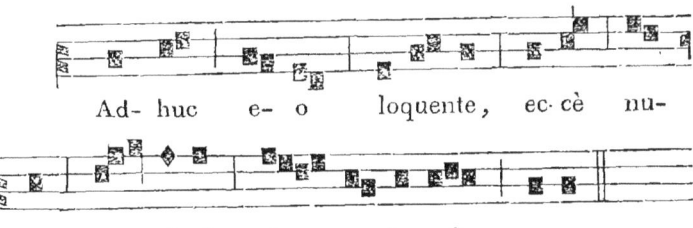

Ad-huc e-o loquente, ec-cè nu-

bes lu-ci-da ob- um-bra-vit e-os.

Nota. Nous nous abstenons de donner des exemples du *septième* et du *huitième* Ton, parce que ces deux transpositions sont très-rares.

Tous les morceaux de chant réguliers, irréguliers, mixtes et transposés, sont désignés par des lettres marquant leurs finales, et par des chiffres qui indiquent les tons d'où ils dérivent. *Voyez ces lettres à l'Article suivant.*

ARTICLE XII.

Échelle ancienne. — Désignation actuelle de cette Échelle. — Lettres Majuscules. — Lettres Minuscules.

Les lettres A, B, C, D, E, F, G, majuscules, et *a, b, c, d, e, f, g*, minuscules, tantôt en caractères romains, et tantôt en caractères italiques, répondent (suivant le système musical des anciens) à *la, si, ut, ré, mi, fa, sol.*

Ces lettres, qui se trouvent quelquefois au commencement de certaines pièces de chant, et toujours après les *Antiennes* et les intonations des *Psaumes*, servent à indiquer la finale d'un morceau de chant, et celle de la terminaison de la Psalmodie, dans les différens tons. Au lieu d'écrire *in la*, on écrit *in* A; pour *in ut*, on écrit C, etc.

La lettre est majuscule dans la Psalmodie, lorsque la note finale de la terminaison du Psaume est la même que celle de l'Antienne, sinon elle est minuscule.

Quatrième Partie.

ARTICLE XIII.

La Psalmodie. — Intonation. — Médiante ou Médiation. — Terminaison. —Teneur. — Exemples. — Psalmodie parisienne.

PSALMODIE.

La Psalmodie est au Plain-Chant ce que le *récitatif* est à la musique moderne. « Psalmodier c'est chan-
» ter ou réciter les Psaumes d'une manière parti-
» culière, qui tient le milieu entre le chant et la
» parole : c'est du chant, parce que la voix est
» soutenue, c'est de la parole, parce qu'on garde
» presque toujours le même ton. »

Quatre choses constituent la Psalmodie : l'*intonation*, la *médiation* ou *médiante*, la *terminaison* et la *teneur*.

48 MÉTHODE

Intonation.

1.º L'Intonation est solennelle ou simple : el est solennelle aux offices de première, seconde troisième classe, et des dimanches, dans le pr mier verset de chaque Psaume. Lorsque la fête e annuelle ou solennelle, l'intonation est solennel dans tous les versets des Cantiques évangéliques (Laudes et de Vêpres.

L'intonation solennelle doit compter deux not sur la deuxième syllabe, et quelquefois sur les deu premières ensemble.

Exemples.

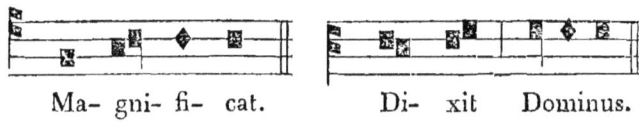

Ma- gni- fi- cat.   Di- xit Dominus.

2.º L'intonation est simple aux offices des semi doubles, des simples, des féries, dans le 1.ᵉʳ verse des Psaumes; et solennelle seulement au 1.ᵉʳ verse des Cantiques évangéliques *Magnificat* et *Benedictu*

L'intonation simple se fait uniment sur la domi nante du chant de l'Antienne.

Exemples.

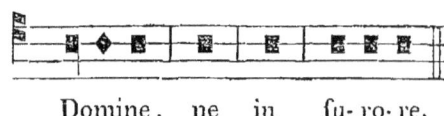

Domine, ne in fu- ro- re.

DE PLAIN-CHANT.

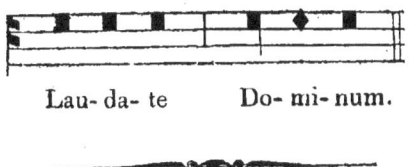
Lau- da- te   Do- mi- num.

Médiation ou Médiante.

On appelle Médiation la variation du chant qui précède immédiatement le repos qui se fait au milieu de chaque verset des Psaumes. Ce repos est indiqué par un astérisque *.

Exemples.

E- su- ri- en- tes   implevit   bonis.*

Humi- li- tatem   an- cil- læ   su- æ.*

La Médiation est simple, quand elle est continuée sur la même note, et qu'elle ne sort point de la dominante.

Exemples.

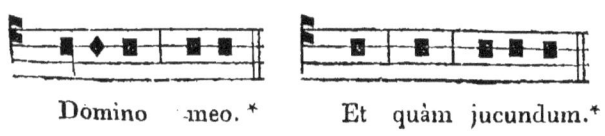
Domino   meo.*   Et   quàm jucundum.*

5o MÉTHODE

Lorsque la dernière syllabe de la Médiante est un monosyllabe, ou la finale d'un mot indéclinable, hébreu, comme *Israel, Sion, Aaron, Jérusalem*, etc., la Médiante consiste uniquement dans cette syllabe qu'il faut élever.

Terminaison.

La terminaison est une modulation qu'on établit sur les trois, quatre ou cinq dernières syllabes de chaque verset d'un Psaume. Ces modulations sont plus ou moins longues dans certains Tons.

On désigne ordinairement la Terminaison par les six voyelles *e u o u a e,* qui sont celles de *seculorum amen*.

Exemples.

Sede à dextris me- is.

...... dimisit i- na- nes.

Teneur.

La Teneur est cette partie du chant qui règne depuis l'Intonation faite, jusqu'à la Médiation; et

DE PLAIN-CHANT.   51.

depuis la Médiation jusqu'à la Terminaison exclusivement : elle tient presque toujours la dominante du Mode.

Récapitulation des Exemples précédens.

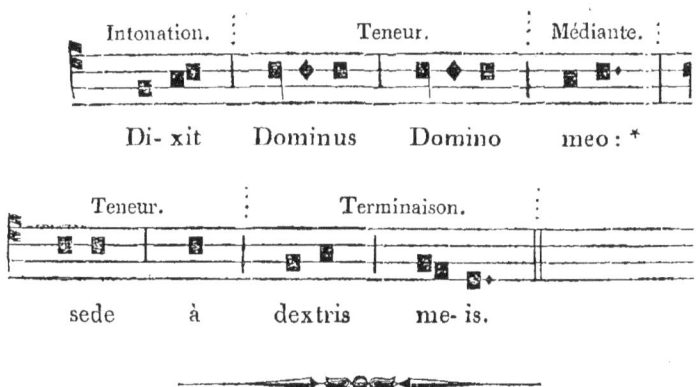

PSALMODIE PARISIENNE.

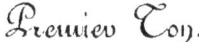

Premier Ton.

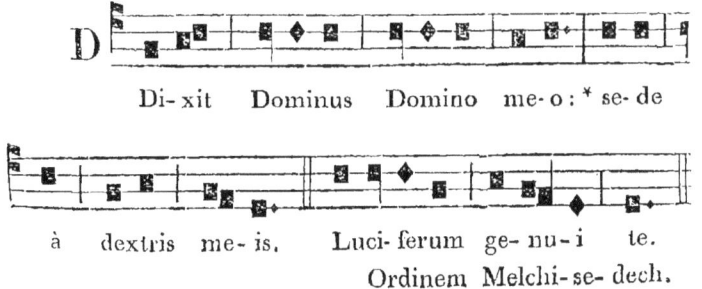

52   MÉTHODE

D   J

    e u o u a   e.   e u o u a   e.

f, f   g

    e u o u a   e.   e u o u a   e.

g   a, a

    e u o u a   e.   e u o u a   e.

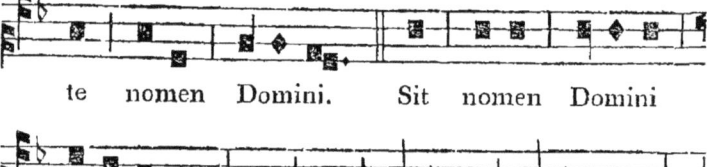

A

Lauda-te, pu-e-ri, Dominum,* Lauda-

te   nomen   Domini.   Sit   nomen   Domini

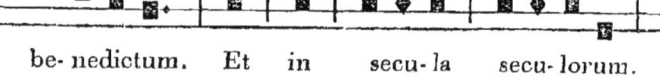

be- nedictum.   Et   in   secu- la   secu- lorum.

A- men.

Cantiques Évangéliques.

Magni-fi-cat *   a- ni-ma

mea   Dominum.   e u o u a   e.

Second Ton.

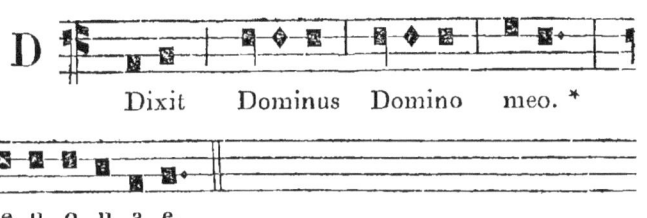

Dixit Dominus Domino meo. *

euouae.

Cantiques Évangéliques.

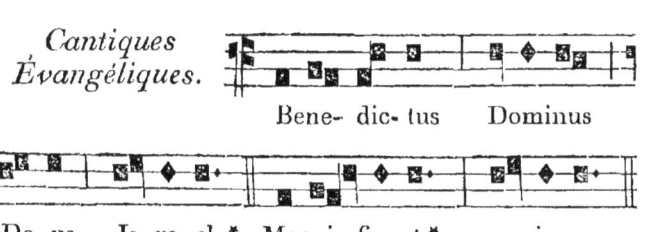

Bene- dic- tus Dominus De- us Is- ra- el. * Magni- fi- cat * a- ni- ma.

Lauda- te Dominum, omnes gentes, *

euouae.

Monosyllabes, mots indéclinables, hébreux.

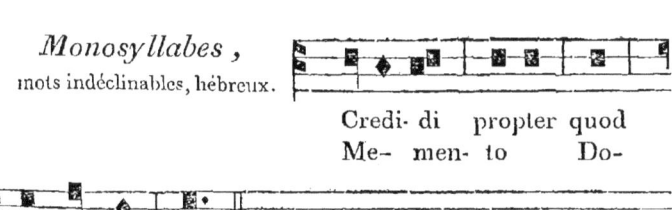

Credi- di propter quod lo- cu- tus sum.
Me- men- to Do- mi- ne Da- vid.

54 MÉTHODE

Cantiques Évangéliques.

Nunc di-mittis ser-vum

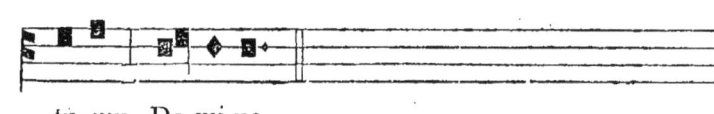

tu-um, Do-mi-ne.

Troisième Ton.

Lauda-te Dominum, omnes gentes.

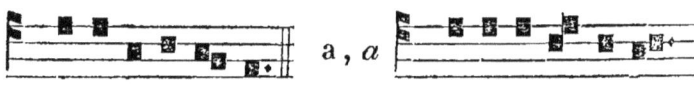 a, a

e u o u a e.   e u o u a e.

à, à 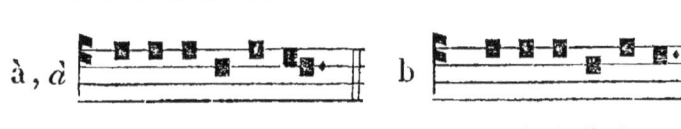 b

e u o u a e.   e u o u a e.

c, c

e u o u a e.

Quatrième Ton.

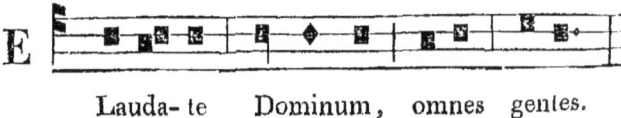

Lauda-te Dominum, omnes gentes.

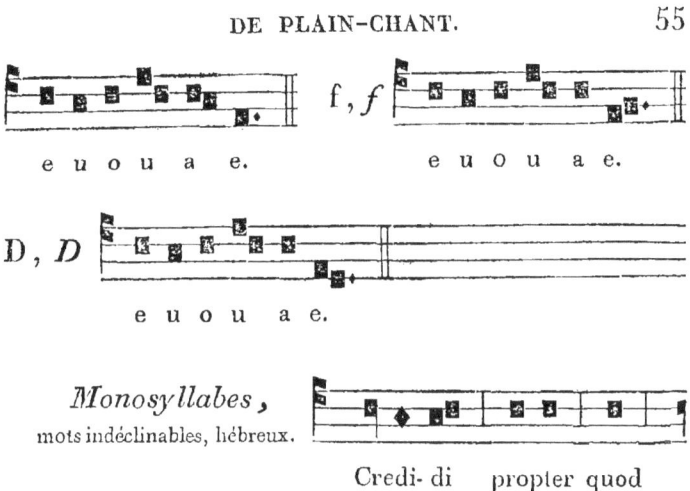

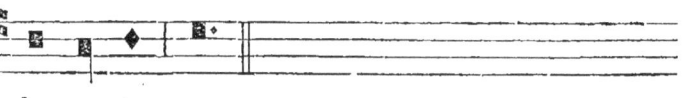

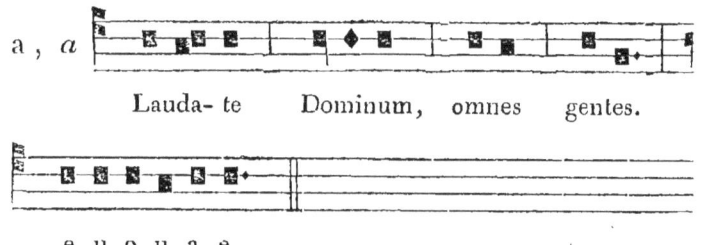

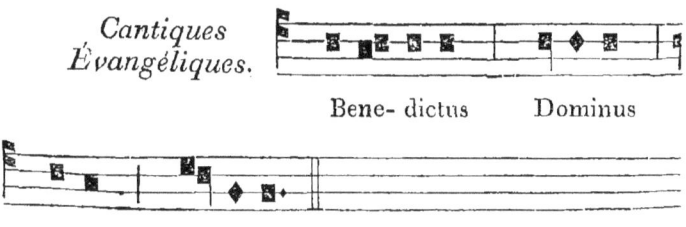

56 MÉTHODE

A, *A*

Lau- da- te Dominum, omnes gentes.

e u o u a e.   c   e u o u a e.

d, *d*

e u o u a e.

Cantiques Évangéliques.

Be- ne- dictus Dominus

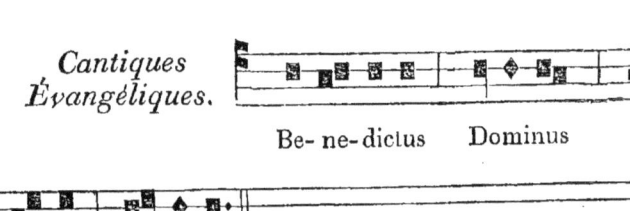

De- us Is- ra- el.

Cinquième Ton.

F

Laudate Dominum, omnes gentes.

e u o u a e.   a, *a*   e u o u a e.

frumenti sa- ti- at te.

DE PLAIN-CHANT.

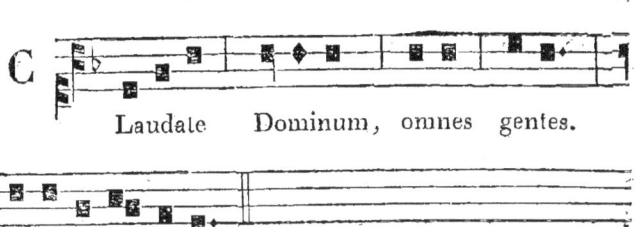

Laudate Dominum, omnes gentes.

e u o u a e.

Monosyllabes,
mots indéclinables, hébreux.

Credi- di propter quod
Memento, Do-

lo- cu- tus sum.
mi- ne, Da- vid.

Sixième Ton.

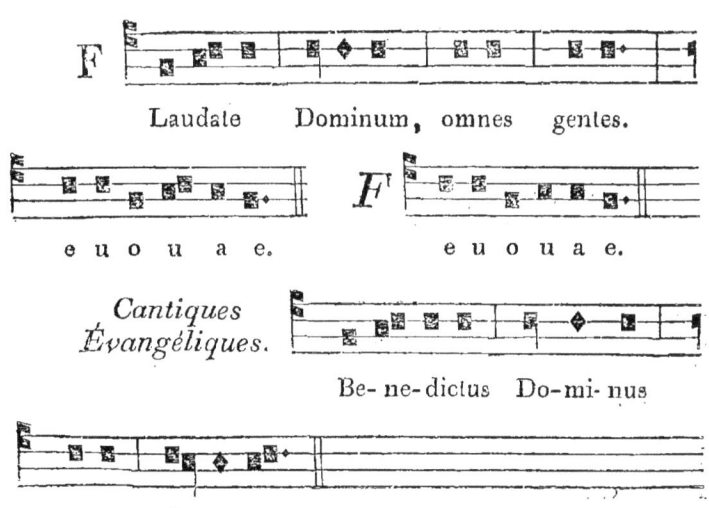

Laudate Dominum, omnes gentes.

e u o u a e.   e u o u a e.

*Cantiques
Évangéliques.*

Be- ne- dictus Do- mi- nus

De- us Is- ra- el.

58   MÉTHODE

Lauda- te Dominum, omnes gentes. Et in se-cu-la. e u o u a e.

Cantiques Évangéliques.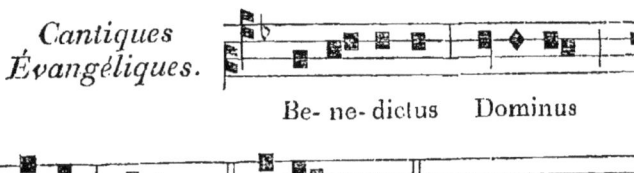

Be- ne- dictus Dominus De- us Is- ra- el. Magni- fi- cat.

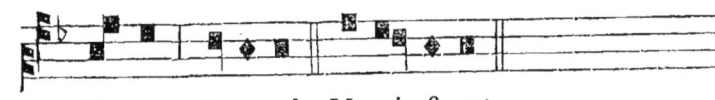

Lauda- te Dominum, omnes gentes.

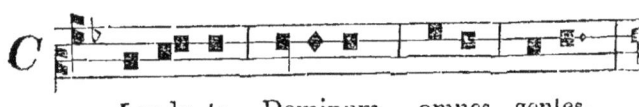

Et in se- cu- la. e u o u a e.

Cantiques Évangéliques.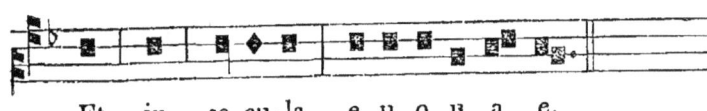

Be- ne- dictus Dominus

Deus Is- ra- el.

DE PLAIN-CHANT.   59

Septième Ton.

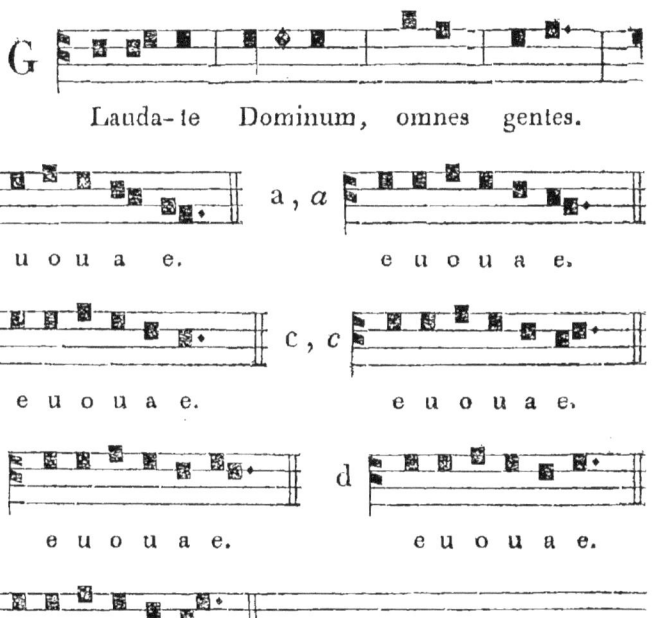

Huitième Ton.

MÉTHODE

c e u o u a e.   d e u o u a e.

Cantiques Évangéliques.

Bene-dictus Dominus De- us Is-ra-el. Ma-gni-ficat a-nima. Magna qui potens est.

Monosyllabes, mots indéclinables, hébreux.

Credi-di propter quod lo-cu-tus sum.
Memento, Do-mine, Da-vid.

NOTA.

Comme la plupart des Églises ont un rit particulier, elles peuvent avoir de même des Intonations, des Médiations et des Terminaisons de Psaumes autres que celles-ci ; mais les règles de la Psalmodie sont les mêmes partout.

ARTICLE XIV.

De la Mesure du Plain-Chant. — Ensemble du Chœur. — Conservation du même Ton.

La *Mesure* est l'impulsion que l'on donne au Plain-Chant, qui, toujours grave, augmente encore de gravité en raison de la solennité de la fête.

L'*Ensemble du Chœur* consiste — en ce que toutes les voix soient tellement d'accord, qu'elles semblent n'en former qu'une seule. Pour obtenir ce résultat, il faut — que la durée des notes soit la même ; — que les repos soient rigoureusement observés ; — et que les syllabes soient prononcées en même temps.

Dans les Églises où il n'y a ni orgue ni serpent pour donner le ton, celui qui dirige le chant doit en prendre un convenable à toutes les voix.

On doit encore, pour la beauté et la régularité du Service divin, chanter, en général, tout l'Office sur la même dominante. Supposons, par exemple, que, dès le commencement de l'Office, on ait adopté la corde LA pour base du chant, la seule manière de bien conduire le chœur, est de mettre sur le même degré *la, fa, ré, ut,* qui sont les quatre dominantes des huit Tons. Par là, on évite un désordre fort commun, celui de chanter tantôt très-haut et tantôt très-bas ; désordre par lequel on expose les voix à se forcer, ou à n'être pas entendues.

ARTICLE XV.

Chant mesuré des Hymnes et des Proses. — Exemples. — Notes sur les Tons de l'Église.

Hymnes mesurés.

Comme le chant de la plupart des *Hymnes* et des *Proses* est mesuré, nous renvoyons à la Méthode de Chant musical, pour la valeur numérique des notes et la division des temps des différentes mesures.

Nous ferons remarquer seulement que les petites barres verticales servent à marquer les mesures, et non la séparation des notes de chaque mot; et que les grandes barres servent à indiquer la fin de chaque vers.

Mesure à deux temps, 2 ou $\frac{2}{4}$.

Hymne
du 6.ᵉ ton.

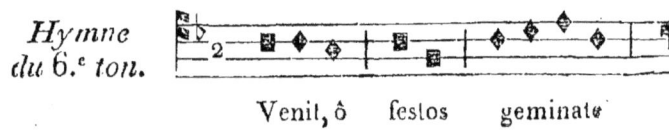

Venit, ô　　festos　　geminate

DE PLAIN-CHANT. 63

plausus; Venit op- tanti datus il-le mundo; Cuncta quem densis pe-ti-e-re votis Se-cu-la, venit.

Hymne du 2.e ton.

Christe, de- creto Patris insti- tutus Pontifex summo, tibi, qui fi- deles, Quos legis formas populis re- gendis, Ipse mi- nistros.

Mesure à trois temps, 3 ou $\frac{3}{8}$.

Hymne du 1.er ton.

A- des-te, sanctæ conju- ges: En il-la fortis Fe-mi- na, Or- nata quæ vir- tu-ti- bus, Tri- umphat in- ter cœ- li- tes.

MÉTHODE

Prose du 1.ᵉʳ ton.

Veni, sancte Spi-ri-tus, Et e-mit-te cœ-li-tus Lucis tuæ ra-di-um. Conso-lator op-ti-me, Dulcis hos-pes a-ni-mæ, Dulce refri-ge-ri-um. Da tu-is fi-de-li-bus, In te confi-denti-bus, Sacrum septe-na-ri-um.

Hymnes non mesurés.

Dans les Hymnes non mesurés, les notes de chaque mot sont séparées par de petites barres; et la fin de chaque vers, par de grandes barres.

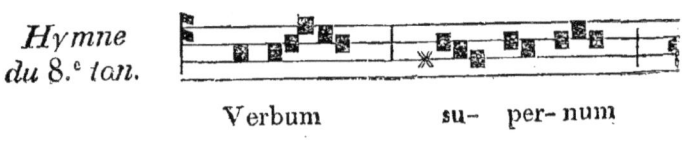

Hymne du 8.ᵉ ton.

Verbum su- per-num

DE PLAIN-CHANT. 65

pro-diens, Nec Patris lin-quens dexteram, Ad opus su-um e--xi-ens, Ve-nit ad vi-tæ vesperam.

Dans les Hymnes de quelques Églises, les petites barres sont supprimées; la fin seule de chaque vers est désignée par de grandes barres.

Hymne du 3.e ton.

Pange, lingua, glori-o-si Corporis mysteri-um sanguinis-que preti-o-si, Quem in mundi preti-um Fructus ventris gene-rosi, Rex ef-fudit genti-um.

SUR LES TONS DE L'ÉGLISE.

Nous nous sommes abstenus de diviser les Tons du Plain-Chant en *majeur* et en *mineur*, comme on l'a fait dans quelques nouvelles méthodes; parce que cette division des *Tons* en majeur et en mineur, n'appartient qu'à la musique moderne.

Voici au surplus ce que dit M. de Momigny, en parlant des Tons de l'Église :

« Ces monumens antiques, qui sont les Modes
» grecs ou leurs descendans immédiats, nous ra-
» mènent vers l'enfance, par leur marche contraire
» aux erremens de la musique harmonique des
» modernes.

» Dans ces modes, la modulation est *relative* et
» non *positive*.

» J'appelle *modulation relative,* celle qui n'est pas
» assise d'après une vraie tonique et une vraie do-
» minante, déterminée d'après la hiérarchie des

» sept notes, mais établie d'après une tonique et
» une dominante de convention.

» Sur les sept cordes diatoniques du même *ton*,
» il n'y en a qu'une seule qui puisse être une vraie
» tonique, une seule qui puisse être une vraie
» dominante.

» Les six autres ne sont donc que des toniques
» ou des dominantes de convention.

» La modulation positive et tonale s'établit tou-
» jours d'après une vraie tonique, à laquelle on
» est ramené définitivement.

» La modulation relative ne comprend qu'un ou
» quelques-uns des départemens du *Ton*. La mo-
» dulation absolue tient d'abord au principal de
» ces départemens, et ensuite à tous les autres. Les
» huit *Tons de l'Église* et les quatorze Modes grecs
» peuvent, en quelque sorte, être considérés
» comme les différentes branches d'un seul et
» même arbre qui est le *Ton*, pris dans toute son
» étendue diatonique. . . . .
. . . .

» Leur tonique et leur dominante prétendues
» (des anciens) n'avoient ni l'une ni l'autre le
» caractère qui distingue les nôtres : ce qu'il est
» aisé de concevoir, quand on sait que leurs diffé-
» rens tons, qu'ils nommoient *modes*, ne sont que
» la gamme majeure d'*ut*, dont les sept tétra-

» cordes sont successivement pris, chacun, pour
» le principal, pour le tétracorde tonique. . . . .
. . . .

» Au reste, les *Tons de l'Église* ne sont point
» asservis aux lois des *Tons* de la musique : il n'y
» est pas question de médiante ni de note sensible;
» le mode y est peu déterminé, et on y laisse les
» *demi-tons* où ils se trouvent dans l'ordre naturel
» de l'échelle ; pourvu, seulement, qu'ils ne pro-
» duisent ni triton ni fausse-quinte sur la tonique. »

APPENDICE

Aux Principes pour l'Exécution

DU

CHANT MUSICAL.

Le Chant musical n'est autre que *la Musique moderne,* facile, arrangée et notée avec les figures du Plain-Chant (*).

ARTICLE PREMIER.

Valeur numérique des Notes. — Valeur du Point. — Triolets. — Exemples.

Les Notes, dans le Chant musical, ont une valeur numérique qui indique la durée. Les figures de ces notes sont les mêmes que dans le Plain-Chant; seulement, il y a une valeur que l'on appelle *double-carrée-à-queue,* et dont la figure se marque ainsi .

(*) Le Chant s'appelle *Mélodie*, et l'Union simultanée des sons, *Harmonie*.

Valeur des Notes.

Une... 𝅘𝅥𝅰	Une... 𝅘𝅥𝅮	Une... 𝅘𝅥	Une... 𝅗𝅥
vaut 2.. 𝅘𝅥𝅮	vaut 2.. 𝅘𝅥	vaut 2.. 𝅗𝅥	vaut 2.. 𝅝
ou . 4.. 𝅘𝅥	ou . 4.. 𝅗𝅥	ou . 4.. 𝅝	
ou . 8.. 𝅗𝅥	ou . 8.. 𝅝		
ou . 16.. 𝅝			

Une note *pointée* est augmentée de la moitié de sa valeur.

Exemple.

Une... 𝅘𝅥𝅮.	Une... 𝅘𝅥.	Une... 𝅗𝅥.
vaut 3 . 𝅘𝅥	vaut 3 .. 𝅗𝅥	vaut 3.. 𝅝

Il y a des valeurs que l'on appelle *ternaires* ou *triolets*, parce qu'elles partagent par tiers la durée des notes dont la valeur est plus grande. Il y a des triolets de carrée-simple, de brève et de demi-brève. Ces valeurs sont indiquées par des chiffres ou par leur nombre.

Exemple.

Une.... 𝅘𝅥𝅮	Une.... 𝅘𝅥	Une.... 𝅗𝅥
vaut .. 𝅘𝅥𝅘𝅥𝅘𝅥³	vaut... 𝅗𝅥𝅗𝅥𝅗𝅥³	vaut... 𝅝𝅝𝅝³

ARTICLE II.

Silences. — Leur Rapport avec les Valeurs. — Exemple.

La durée des notes se représente en idée par divers signes que l'on nomme Silences. Ces Silences sont la *pause*, la *demi-pause*, le *soupir*, le *demi-soupir* et le *quart de soupir*. La pause est le silence d'une *double-carrée-à-queue* ; la demi-pause, le silence d'une *carrée-à-queue* ; le soupir, le silence d'une *carrée-simple*; le demi-soupir, le silence d'une *brève*; le quart de soupir, le silence d'une *demi-brève*.

Exemple des Silences et de leur Rapport avec les Valeurs.

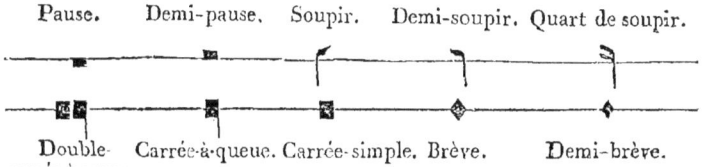

Pause. Demi-pause. Soupir. Demi-soupir. Quart de soupir.

Double-carrée-à-queue. Carrée-à-queue. Carrée-simple. Brève. Demi-brève.

ARTICLE III.

Tons du Chant musical. — Mode Majeur. — Mode Mineur. — Indication des divers Tons. — Position des Dièzes et des Bémols à la Clef. — Exemples.

Dans le Chant musical, les divers arrangemens établis dans les notes se nomment *Tons;* et il y a deux *Modes*, le majeur, c'est-à-dire d'une couleur claire, Mode de la joie, de l'allégresse; et le mineur, d'une couleur sombre, Mode de la tristesse, de la douleur. On dit le Ton d'*ut*, majeur ou mineur; le Ton de *ré*, majeur ou mineur, etc.

Le Mode est majeur, lorsqu'il y a *deux tons* du 1.ᵉʳ degré au 3.ᵉ, et il est mineur lorsqu'il n'y a qu'*un ton et demi*.

Exemples.

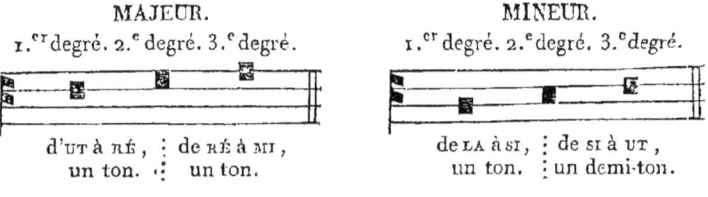

MAJEUR.
1.ᵉʳ degré. 2.ᵉ degré. 3.ᵉ degré.

d'UT à RÉ, de RÉ à MI,
un ton.   un ton.

MINEUR.
1.ᵉʳ degré. 2.ᵉ degré. 3.ᵉ degré.

de LA à SI, de SI à UT,
un ton.   un demi-ton.

Le Ton est indiqué par le nombre des dièzes ou

des bémols placés à la clef ; par exemple, lorsqu'il n'y a ni dièze ni bémol à la clef, on est en *ut* majeur ou *la* mineur ; dans ce cas, nous appellerons le ton d'*ut* majeur, *principal ;* et le ton de *la* mineur, *relatif.* Il en est de même pour les autres tons.

Indication des divers Tons.

Lorsqu'il n'y a ni dièze ni bémol à la clef, on est . . . . en *ut* majeur ou *la* mineur.
 Avec un ♯, en *sol* majeur ou *mi* mineur.
 Avec deux ♯, en *ré* majeur ou *si* mineur.
 Avec trois ♯, en *la* majeur ou *fa* ♯ mineur.
  etc., etc. (*)

 Avec un ♭, en *fa* majeur ou *ré* mineur.
 Avec deux ♭, en *si* ♭ majeur ou *sol* mineur.
 Avec trois ♭, en *mi* ♭ majeur ou *ut* mineur.
  etc., etc.

Les dièzes se posent à la clef, de quinte en quinte, en montant, ou de quarte en quarte, en descendant ; et les bémols, de quinte en quinte, en descendant, ou de quarte en quarte, en montant.

(*) On peut placer jusqu'à sept dièzes et jusqu'à sept bémols à la clef ; mais les quatre derniers sont peu usités.

Exemples.

POSITION DES DIÈZES.	POSITION DES BÉMOLS.
1.ᵉʳ Dièze..... sur..... *fa*.	1.ᵉʳ Bémol..... sur...... *si*.
2.ᵉ Dièze..... sur..... *ut*.	2.ᵉ Bémol..... sur..... *mi*.
3.ᵉ Dièze..... sur..... *sol*.	3.ᵉ Bémol..... sur..... *la*.
etc.	etc.

ARTICLE IV.

La Gamme. — Ses Notes fondamentales ou Accord parfait. — Exemples.

Chaque Ton a sa *Table* que l'on appelle Gamme, et ses Notes fondamentales que l'on nomme Accord parfait.

La Gamme d'un Ton quelconque commence et finit toujours par la tonique. On entend par tonique, la première note du Ton, la note par excellence, celle sur laquelle le Ton est établi.

Les Notes fondamentales se composent de la *tierce*, de la *quinte* et de l'*octave*.

Exemples.

Gamme d'*ut*, Mode majeur.   Notes fondamentales.

Tonique.   Tierce, quinte, octave.

Gamme de *la*, Mode mineur.   Notes fondamentales.

Tonique.   Tierce, quinte, octave.

ARTICLE V.

La Mesure. — Signes qui indiquent les diverses Mesures. — Composition des Mesures. — Manière de les battre.

Le Chant musical est toujours *mesuré*. On entend par mesure le partage de la durée que l'on divise par *temps*, et qui se marque par des mouvemens égaux, du pied ou de la main. Chaque mesure est marquée par une barre de *séparation*.

Il y a diverses mesures : — la mesure à quatre temps, — la mesure à deux temps, et — la mesure à trois temps.

Indication de la Mesure à quatre temps.

La mesure à quatre temps C, se compose d'une double-carrée-à-queue, ou deux carrées-à-queue, ou quatre carrées simples, ou huit brèves, ou seize demi-brèves ; = et se marque, le 1.er temps frappé, le 2.e à gauche, le 3.e à droite, et le 4.e en levant.

Indication des Mesures à deux temps.

$$2,\ \frac{6}{8}\ \text{et}\ \frac{2}{4}.$$

La mesure à deux temps 2, se compose d'une double-carrée-à-queue, etc. (*) ; — la mesure à deux temps $\frac{6}{8}$, se compose d'une carrée-à-queue pointée, ou deux carrées pointées, ou six brèves, ou douze demi-brèves ; — la mesure à deux temps $\frac{2}{4}$, se compose d'une carrée-à-queue, ou deux carrées, ou quatre brèves, ou huit demi-brèves. = Ces mesures se marquent, le 1.er temps frappé, et le 2.e levé.

Indication des Mesures à trois temps.

$$3\ \text{ou}\ \frac{3}{4},\ \text{et}\ \frac{3}{8}.$$

La mesure à trois temps 3 ou $\frac{3}{4}$, se compose d'une carrée-à-queue pointée, ou trois carrées, ou six brèves, ou douze demi-brèves ; — La mesure à trois temps $\frac{3}{8}$, se compose d'une carrée pointée, ou trois brèves, ou six demi-brèves. = Ces mesures se marquent, le 1.er temps frappé, le 2.e à droite, et le 3.e levé.

(*) La composition de cette mesure est la même que celle à quatre temps.

ARTICLE VI.

Le Mouvement. — Termes Italiens qui indiquent les Mouvemens.

Le *Mouvement* est le degré de lenteur ou de vitesse donné au morceau qu'on exécute.

L'indication des Mouvemens se désigne par des termes italiens placés au commencement d'un morceau, et partout où le Mouvement est changé.

TERMES ITALIENS.	EXPLICATION.
Adagio.	Lent.
Andantino.	Moins lent.
Andante.	Posément.
Affectuoso.	Affectueusement.
Grazioso.	Gracieusement.
Moderato.	Modérément.
Maestuoso.	Majestueusement.
Allegretto.	Gai.
Allegro.	Plus vite qu'Allegretto.
Cantabile.	Sans se presser.
Con moto.	Un peu animé.
etc., etc.	

ARTICLE VII.

Liaison ou Coulé. — Le Point d'Orgue. — La Reprise. — Signe de Renvoi. — Exemples.

On appelle *Liaison* ou *Coulé*, deux ou plusieurs notes liées ensemble par un trait recourbé, et qui doivent être faites d'un seul coup de gosier.

Exemple.

Le *Point d'Orgue* est un signe placé sur une note ou un silence, et qui indique que l'on doit prolonger la note ou le silence sur lesquels il est placé.

Exemple.

La *Reprise* fait répéter deux fois le morceau de chant, mais seulement du côté où se trouvent les points.

Exemple.

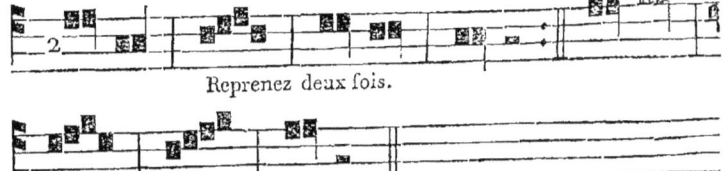

Reprenez deux fois.

Ne reprenez pas.

DA CAPO, en abrégé D. C., signifie *au commencement*. Ces deux mots italiens se trouvent très-souvent à la fin d'un morceau de chant musical, et indiquent qu'il faut retourner au commencement jusqu'au mot *Fin*.

ARTICLE VIII.

Nuances du Chant. — Termes Italiens qui les désignent.

Les *Nuances* du Chant musical sont désignées par des termes italiens.

ABRÉVIATIONS.	MOTS ITALIENS.	TRADUCTION.
Dol.	*Dolce.*	Doux.
P.	*Piano.*	Doux.
PP.	*Pianissimo.*	Très-doux.
F.	*Forte.*	Fort.
FF.	*Fortissimo.*	Très-fort.
Rinf.	*Rinforzando.*	En renforçant.
Cres.	*Crescendo.*	En croissant.
Dimin.	*Diminuendo.*	En diminuant.
Sost.	*Sostenuto.*	Soutenir le son.
etc., etc.		

Pour faciliter l'exécution des Motets ci-après, nous les avons traduits dans les Modes du Plain-Chant, qui ont le plus de rapport avec les Tons de la Musique, et notés sur les trois clefs les plus usitées dans le Chant ecclésiastique.

RECUEIL DE MOTETS,

EN CHANT MUSICAL,

Pour les Dimanches et les principales Fêtes de l'année,

ARRANGÉS

SUR LA MUSIQUE DES COMPOSITEURS

LES PLUS CÉLÈBRES.

Motets à une voix.

O SALUTARIS.

Motet pour les Dimanches et les Fêtes du saint Sacrement.

NOTA. Les morceaux qui seroient trop courts, peuvent se reprendre deux fois; on peut encore faire les reprises, s'il y en a, comme elles sont marquées.

DE MOTETS. 83

LAUDA, SION.

Motet pour les Dimanches, et le jour de la Fête-Dieu.

MUSIQUE DE MOZART.

Lau-da, Si-on, Sal-va-to-rem, Lauda, Si-on, Salva-torem, Lau-da Ducem et Pas-torem in hym-nis et can-ti-cis, in hym-nis et can-ti-cis, Quantùm po-tes, tantùm aude; Qui-a ma-jor om-ni laude, Nec lau-da-re suf-fi-cis, Nec lau-dare suf-fi-cis; Qui-a ma-jor om-ni

O SALUTARIS.

Motet pour les Dimanches ordinaires.

MUSIQUE DE PLANTADE.

BONUM EST.

Motet pour les Dimanches ordinaires.

MAGNUS DOMINUS.

Motet pour les Dimanches ordinaires.

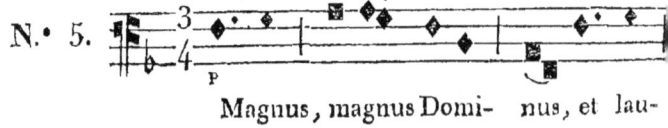

DE MOTETS. 87

VERBUM CARO FACTUM EST.

Motet pour la Nativité de Notre-Seigneur.

N.° 6.

DE MOTETS.   89

ta- vit in no- bis.

O SALUTARIS.

Motet pour les Dimanches ordinaires.

MUSIQUE DE HEMMERLEIN.

N.° 7. Grazioso. Dolce.
O sa- lu- ta- ris Hos- ti-
a! Quæ coe- li pan- dis os- ti- um; Bel-
la pre- munt hos- ti- li- a, Bel- la pre-
munt hos- ti- li- a, Da ro- bur, fer auxi- li-
um, Da ro- bur, fer auxi- li- um, Qui car-
ne nos pas- cis tu- â, Qui car- ne nos

pascis tu-â, Sit laus ti-bi Pas-tor bo-ne, Sit laus ti-bi, Pas-tor bo-ne, Sit laus ti-bi, Pastor bo-ne, Cum Patre, Cum Pa-tre cumque Spi-ri-tu, In sempi-terna, In sempi-ter-na, In sempi-ter-na se-cu-la. In sem-pi-terna se-cu-la.

Amen. Amen. A-men.

STELLA ISTA.

Motet pour le jour de l'Épiphanie de Notre-Seigneur.

cut flamma co- ruscat, si- cut flamma co- ruscat, et Regem regum Deum de-monstrat, et Regem regum Deum de- mons- trat, et Regem regum Deum de- mons- trat.

VENI, SANCTE SPIRITUS.

Motet pour la Fête de la Pentecôte.

MUSIQUE DE WÉBER.

N.º 9. Adagio. p

Ve- ni, sanc- te, sanc- te Spi- ri- tus, Ve- ni, ve- ni, sancte Spi- ri- tus, re- ple tu- orum, re- ple tu- o- rum cor- da fi-

in e- is ignem ac- cen- de.

DOMINE, SALVUM.

MUSIQUE DE SACCHINI.

N.° 10. Maestuoso.

Domine, salvum fac, sal- vum fac Re-gem, Domi- ne, salvum fac Regem : et ex- audi nos in di- e quâ in- vo- ca- ve- ri- mus te, ex- au- di nos in di- e quâ in- vo- cave- rimus te, ex- au- di nos in di- e quâ in- voca- veri- mus te. Domine, salvum fac, sal- vum fac Re- gem,

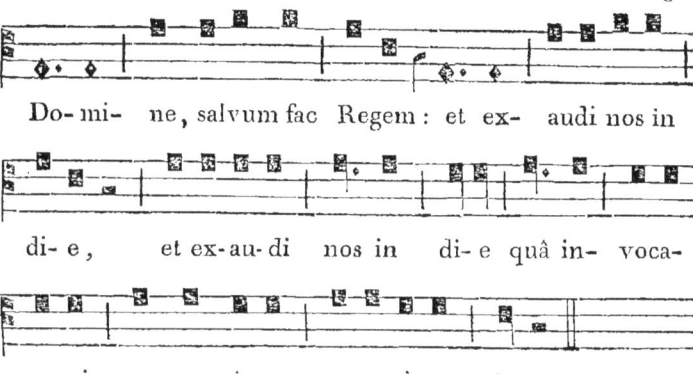

Do-mi-ne, salvum fac Regem: et ex- audi nos in di- e, et ex-au-di nos in di- e quâ in- voca- ve- ri- mus te, invo- cave- rimus te.

MAGNIFICAT.

DU 5.ᵉ TON.

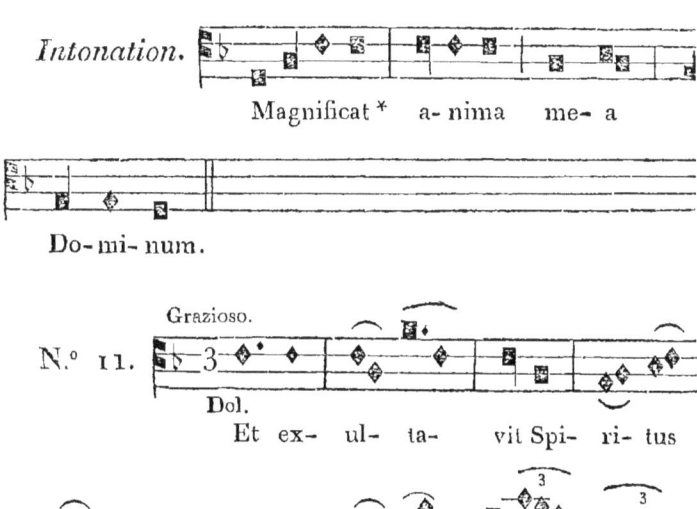

Intonation. Magnificat * a- nima me- a Do- mi- num.

N.º 11. *Grazioso. Dol.* Et ex- ul- ta- vit Spi- ri- tus me- us in De- o sa- lu- ta- ri, sa-

DE MOTETS. 99

ri- en- tes imple- vit bo- nis, et di- vi- tes

dimi- sit, et di-vi-tes dimi-sit i- na- nes.

Le Chœur.

Suscepit Is-ra-el pu-erum

suum : * recordatus mise-ri-cordi- æ su- æ.

Grazioso:

N.° 15. Dol.

Si- cut lo- cu- tus est ad pa-

tres nos- tros, si-cut lo- cu- tus est ad pa-

tres nos- tros : A- braham et se- mini,

et se- mi- ni e-jus, et se-mi-ni e-

jus, e- jus in secu- la.

DE MOTETS. 101

Motets à deux voix.

PANIS ANGELICUS.
Motet pour les Dimanches.

(NOTA. *Les Motets suivans, à deux et à trois voix, peuvent se chanter à une seule voix, en prenant la première partie.*)

N.° 17.

102   RECUEIL

ô res mi- ra- bi- lis! manducat, mandu- cat

ô res mi- ra- bi- lis! manducat, man- du- cat

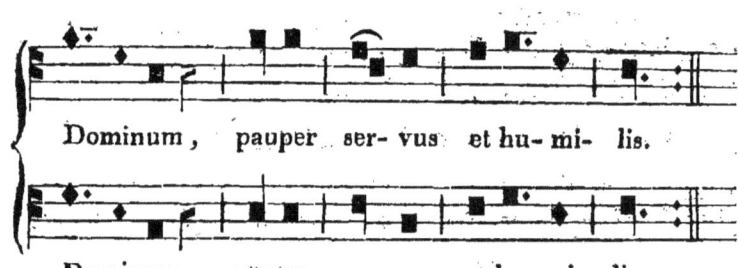

Dominum, pauper ser- vus et hu- mi- lis.

Dominum, pauper ser- vus et hu- mi- lis.

REGINA CŒLI.

Motet pour le jour de Pâques.

MUSIQUE DE PICCINI.

N.° 18.

Re- gi- na coe- li, læ- ta- re,

Re- gi- na coe- li, læ- ta- re,

O LUX, BEATA TRINITAS.

Motet pour la Fête de la sainte Trinité.

MUSIQUE DE SACCHINI.

N.º 19.

O lux, be-a-ta, be-a-ta Tri-

O lux, be-a-ta, be-a-ta Tri-

ni-tas! Et princi-pa-lis, princi-pa-lis U-

ni-tas! Et princi-pa-lis, princi-pa-lis U-

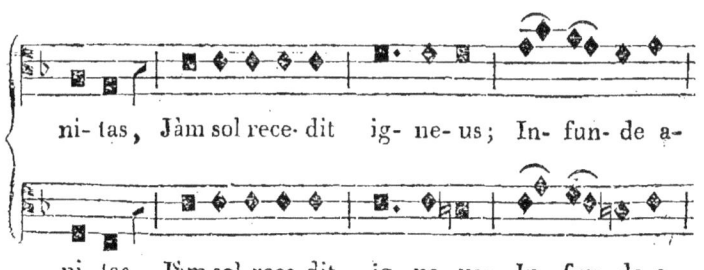

ni-tas, Jàm sol rece-dit ig-ne-us; In-fun-de a-

ni-tas, Jàm sol rece-dit ig-ne-us; In-fun-de a-

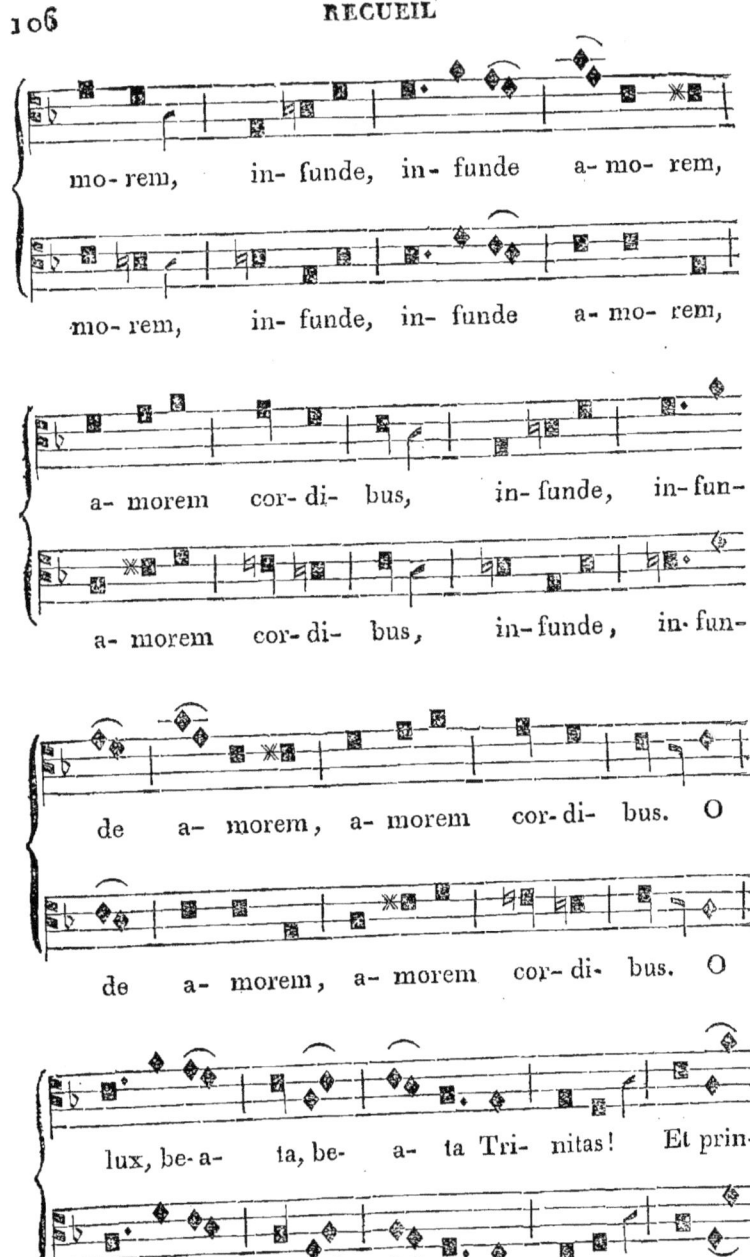

ADORO TE.

Motet en Plain-Chant, mesuré et arrangé pour deux voix.

N.° 20.

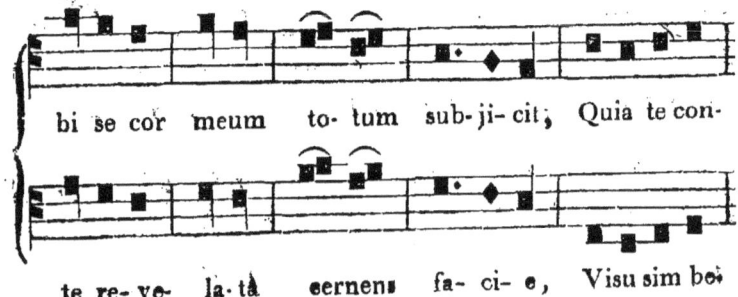

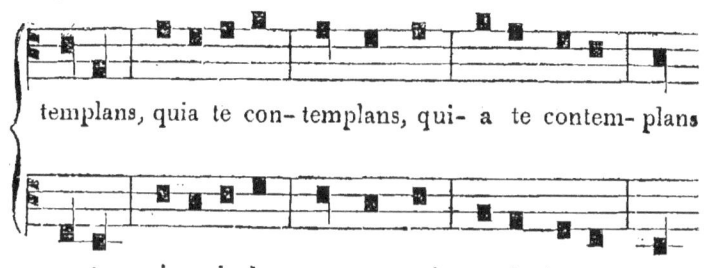

templans, quia te con- templans, qui- a te contem- plans a- tus, vi- su sim be- a- tus, vi- su sim be- a- tus

totum de- fi- cit.

tu- æ glo- ri æ.

Motets à trois voix.

AVE VERUM.

Motet pour les Fêtes de la sainte Vierge.

MUSIQUE DE BERTON.

N.° 21.

A- ve ve- rum cor- pus na- tum

A- ve ve- rum cor- pus na- tum

A- ve ve- rum cor- pus na- tum

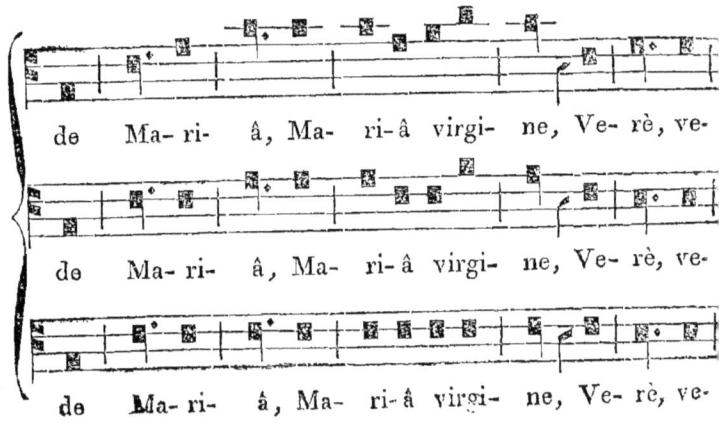

de Ma- ri- â, Ma- ri- â virgi- ne, Ve- rè, ve-

de Ma- ri- â, Ma- ri- â virgi- ne, Ve- rè, ve-

de Ma- ri- â, Ma- ri- â virgi- ne, Ve- rè, ve-

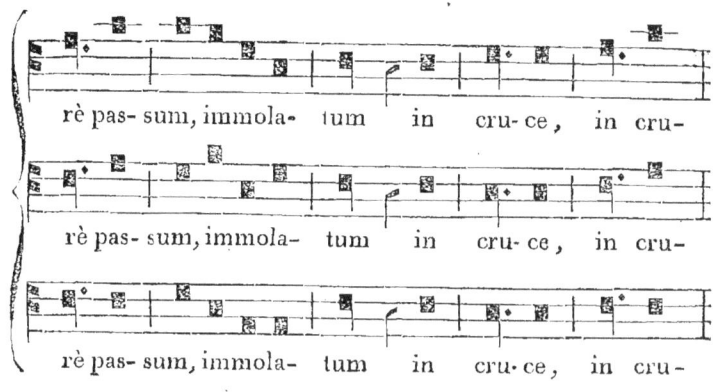
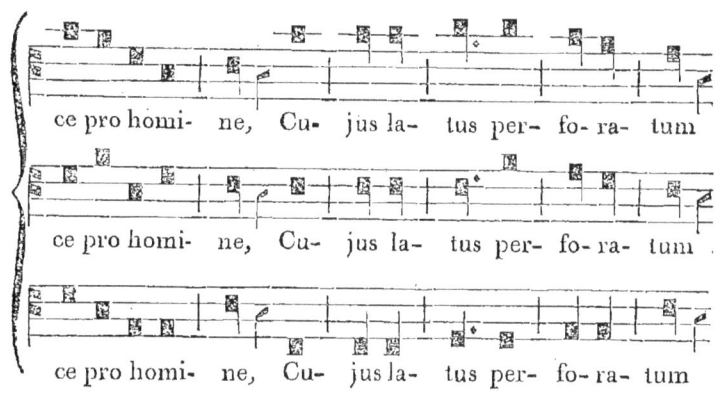
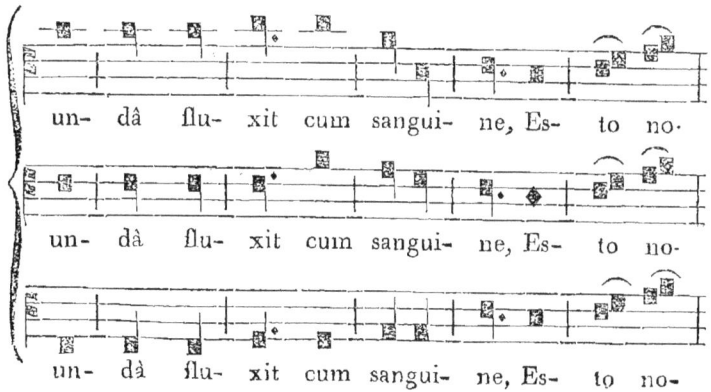

LAUDATE DOMINUM.

Motet pour les Dimanches ordinaires.

MUSIQUE DE MOZART.

N.° 22.

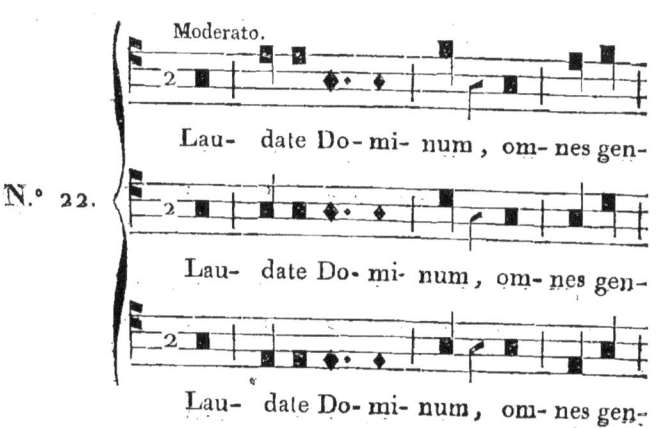

DE MOTETS.

ADOREMUS IN AETERNUM.

Motet pour les Saluts du saint Sacrement.

N.º 23.

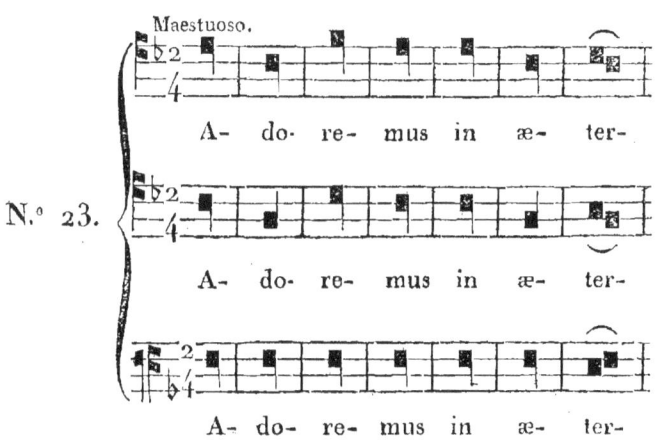

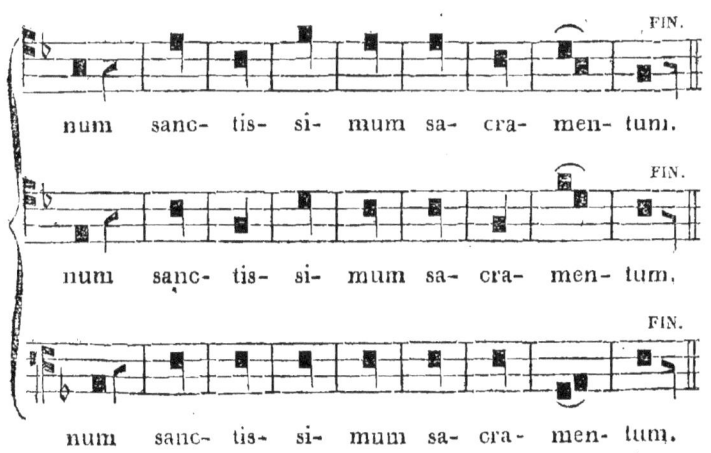

116 RECUEIL DE MOTETS.

Il ne faut pas croire, sur l'intitulé de quelques méthodes, qu'il existe un Plain-Chant Romain, un autre Parisien, Lyonnais, Chalonnais, etc., en un mot que chaque Lithurgie ait un Plain-Chant différent des autres, par ses Règles et sa Méthode. Il est vrai que plusieurs Diocèses adoptent des morceaux de chant particuliers, de même qu'ils ont des Hymnes et des Rituels à eux, mais les Principes restent les mêmes pour tous.

Le présent Ouvrage sert à apprendre le Plain-Chant, sans aucune acception de localité.

TABLE

Des articles contenus dans cet Ouvrage.

MÉTHODE DE PLAIN-CHANT.

PREMIÈRE PARTIE.

Pages

ART. 1.ᵉʳ Des Notes. — Leurs Noms. — L'Intonation. — Figure des Notes. — Leur Durée. 9

ART. 2.ᵉ La Portée. — Les Clefs. — Influence des Clefs sur les Notes. — Position des Clefs. — Exemples. 11

ART. 3.ᵉ Des Degrés. — Unissons. — Intervalles. — Exemple des Intervalles. — Tons. — Demi-Tons. — Gamme ou Echelle. — Degrés conjoints, et Degrés disjoints. 12

ART. 4.ᵉ Altération des Notes. — Le Dièze. — Le Bémol. — Influence du Dièze et du Bémol sur les Notes. — Le Bécarre . 14

ART. 5.ᵉ Indication des Passages où le Bémol, le Bécarre et le Dièze sont accidentels, et qui se trouvent rarement marqués dans les livres de Chant. 15

ART. 6.ᵉ Repos du Chant. — Barres verticales. — Notes pointées. — Le Guidon. — Exemples. 16

TABLE.

SECONDE PARTIE.

Pages

Art. 7.e *Leçons de Solfége.* — *Manière de Décompter.* — *Deux sortes de Gammes.* — *Exercices sur toutes les Clefs.* 18

Art. 8.e *Application des Syllabes sous les Notes.* — *Notes détachées.* — *Notes coulées.* — *Exemples.* 27

TROISIÈME PARTIE.

Art. 9.e *Des huit Tons ou Modes du Plain-Chant.* — *Tons authentiques.* — *Tons plagaux.* — *Dominantes et Finales des huit Tons.* 29

Art. 10.e *Exemples des huit Tons.* — *Leur Etendue.* — *Leurs Notes fondamentales.* 32

Art. 11.e *Tons irréguliers.* — *Tons mixtes.* — *Tons transposés* — *Dominantes et Finales des Tons transposés.* — *Exemples.* 41

Art. 12.e *Echelle ancienne.* — *Désignation actuelle de cette Echelle.* — *Lettres majuscules.* — *Lettres minuscules.* 46

QUATRIÈME PARTIE.

Art. 13.e *La Psalmodie.* — *Intonation.* — *Médiante.* — *Terminaison.* — *Teneur.* — *Exemples.* — *Psalmodie parisienne.* 47

Art. 14.e *De la Mesure du Plain-Chant.* — *Ensemble du Chœur.* — *Conservation du même ton.* 61

Art. 15.e *Chant mesuré des Hymnes et des Proses.* — *Exemples.* — *Notes sur les Tons de l'Eglise.* 62

MÉTHODE DE CHANT MUSICAL.

Pages

Art. 1.er Valeur numérique des Notes. —— Valeur du Point. —— Triolets. —— Exemples. . . . 69

Art. 2.e Silences. —— Leur rapport avec les Valeurs. —— Exemple. 71

Art. 3.e Tons du Chant musical. —— Mode majeur. —— Mode mineur. —— Indication des divers Tons. —— Position des Dièzes et des Bémols à la Clef. —— Exemples. . . 72

Art. 4.e La Gamme. —— Ses Notes fondamentales ou Accord parfait. —— Exemples. . . . 74

Art. 5.e La Mesure. —— Signes qui indiquent les diverses Mesures. —— Composition des Mesures —— Manière de les battre. 75

Art. 6.e Le Mouvement. —— Termes italiens qui indiquent les Mouvemens. 77

Art. 7.e Liaison ou Coulé. —— Le Point d'orgue. —— La Reprise. —— Le Renvoi. —— Exemples. 78

Art. 8.e Nuances du Chant. —— Termes italiens qui les désignent. 79

RECUEIL DE MOTETS.

A UNE VOIX.

Numéros		Pages
1.	O Salutaris..................	81
2.	Lauda, Sion.................	83
3.	O Salutaris..................	84
4.	Bonum est...................	86
5.	Magnus Dominus.............	86
6.	Verbum caro factum est.......	87
7.	O Salutaris..................	89
8.	Stella ista...................	91
9.	Veni, Sancte Spiritus.........	92
10.	Domine, salvum..............	94
11.	Magnificat	95
12.	— Quia fecit mihi magna.......	96
13.	— Fecit potentiam............	97
14.	— Esurientes.................	98
15.	— Sicut locutus est...........	99
16.	— Sicut erat in principio......	100

A DEUX VOIX.

17.	Panis angelicus...............	101
18.	Regina cœli..................	102
19.	O lux, beata Trinitas.........	105
20.	Adoro te....................	108

A TROIS VOIX.

21.	Ave, verum..................	110
22.	Laudate Dominum............	113
23.	Adoremus in æternum.........	115

ERRATA.

Page 40, *Antienne*, deuxième portée, clef d'ut, 3⁵ ligne, mettez 4ᵉ ligne.
Page 94, au n° 10, première portée, à la 3ᵉ note, mettez une brève.
Page 96, au n° 12, deuxième portée, 1ʳᵉ note, mettez une carrée.

www.ingramcontent.com/pod-product-compliance
Lightning Source LLC
Chambersburg PA
CBHW070514100426
42743CB00010B/1831